AF329637

HENRI

DE

COLIGNY

SEIGNEUR DE CHASTILLON

PAR

LE Cte JULES DELABORDE

PARIS

LIBRAIRIE FISCHBACHER

SOCIÉTÉ ANONYME

33, RUE DE SEINE, 33

1887

HENRI
DE COLIGNY
SEIGNEUR DE CHASTILLON

OUVRAGES DU MÊME AUTEUR

LIBERTÉ RELIGIEUSE. — Mémoires et plaidoyers. 1 vol. in-8°, 1854 . . . .   3 fr. »

MADAME L'AMIRALE DE COLIGNY, APRÈS LA SAINT-BARTHÉLEMY. Brochure
in-8°, 1867 . . . .   1 fr. 50

LES PROTESTANTS A LA COUR DE SAINT-GERMAIN LORS DU COLLOQUE
DE POISSY. Gr. in-8°, 1874 . . . .   3 fr. »

ÉLÉONORE DE ROYE, PRINCESSE DE CONDÉ. 1 vol. gr. in-8° avec portrait.
1876 . . . .   7 fr. 50

GASPARD DE COLIGNY, AMIRAL DE FRANCE. 3 vol. gr. in-8°, 1879 . . . .   45 fr. »

(Ouvrage couronné par l'Académie française.)

Il reste encore quelques exemplaires d'un tirage spécial sur papier de Hollande
au prix de 90 fr.

FRANÇOIS DE CHASTILLON, COMTE DE COLIGNY. 1 vol. gr. in-8° . . . . .   12 fr. »

Il reste encore quelques exemplaires d'un tirage spécial sur papier de Hollande
au prix de 20 fr.

Paris. — Imprimerie V° P. LAROUSSE et Cⁱᵉ, rue Montparnasse, 19.

HENRI

DE

COLIGNY

SEIGNEUR DE CHASTILLON

PAR

LE Cte JULES DELABORDE

PARIS

LIBRAIRIE FISCHBACHER

SOCIÉTÉ ANONYME

33, RUE DE SEINE, 33

1887

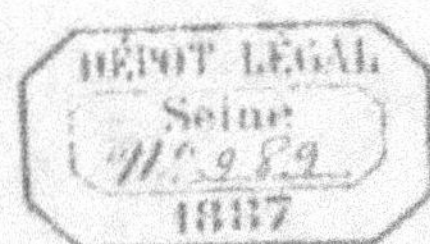

HENRI DE COLIGNY

SEIGNEUR DE CHASTILLON

Dans la descendance de Gaspard de Coligny figurent deux fils, François de Chastillon et d'Andelot, ainsi qu'un petit-fils, Henri, qui ont dignement soutenu le nom de l'illustre amiral.

La vie de l'aïeul et celle de son fils François ont été retracées avec étendue[1].

Loin de pouvoir être reproduite dans son ensemble, la vie du second fils, d'Andelot, n'a été qu'indiquée, en quelques traits[2], à raison d'une extrême pénurie de documents.

Si la pénurie n'est pas précisément la même quand il s'agit de mettre en lumière la vie du petit-fils Henri, il n'en demeure pas moins certain qu'une simple esquisse de cette vie, à peine connue jusqu'ici, est l'unique forme d'exposition que comportent les rares données qui s'y rattachent. Quoi qu'il en soit, il y a lieu d'espérer que, de cette seule esquisse, se dégagera du moins la notion précise d'une carrière qui, dans sa brièveté, fut noblement remplie.

1. Voir : 1° *Gaspard de Coligny, amiral de France.* 3 vol. in-8°. Paris, 1879-1882. — 2° *François de Chastillon, comte de Coligny.* 1 vol. in-8°. Paris, 1886.

2. Voir *François de Chastillon, comte de Coligny*, p. 7, 9, 19, 29, 40, 41, 42, 43, 44, 45, 52, 53, 59, 61, 63, 75, 80, 86, 90, 95, 102, 111, 119, 120, 122, 123, 147, 167, 171, 172, 182, 202, 203. — *Mém. de Ph. de Mornay*, édit. de 1824, t. II, p. 347.

CHAPITRE PREMIER

François de Chastillon, comte de Coligny, eut de son
mariage avec Marguerite d'Ailly[1] trois fils et une fille.

L'aîné de ces enfants naquit à Montpellier, en août 1583[2],
et reçut le nom de Henri, avec l'assentiment du roi de
Navarre qui[3] presque aussitôt se proposa d'être, et fut, en
effet, plus tard, son parrain. On lit, à cet égard, dans le
journal de Charbonneau[4] : « Le 28 octobre 1584, on bap-
» tisa, à Montpellier, le fils aisné de Chastillon, qui avoit
» quinze mois, et qui eut pour parrain le roy de Navarre,
» lequel le fit tenir par Lesdiguières, général des protestans
» en Dauphiné... On fit de grands honneurs à Lesdi-
» guières, et y eut de grandes réjouissances à Montpellier. »

1. Divers documents la dénomment *Marguerite d'Ailly de Picquigny*,
ou, plus simplement encore, *Marguerite de Picquigny* ; ce qui s'explique
par cette seule considération que la maison d'*Ailly* avait hérité de la
baronnie de *Picquigny*. (Voir quant à l'ancienneté des maisons de *Picquigny* et d'*Ailly*, le *Recueil* d'Adrien de La Morlière sur « plusieurs
nobles et illustres maisons de la Picardie ». Amiens, 1630. 1 vol. in-4°,
p. 12, 21, 23.)

2. « Le 12 août 1583, Chastillon, qui estoit allé conférer avec le roi de
» Navarre au sujet des villes d'otages qu'on devoit rendre, retourna à
» Montpellier, où sa femme estoit accouchée d'un garçon vers le
» 5 août 1583. » (Journal de Charbonneau, ap. Aubaïs, *Pièces fugitives*, t. II.)

3. *Mémoires de Ph. de Mornay*, édit. de 1824, t. II, p. 554.

4. Ap. Aubaïs, *Pièces fugitives*, t. II, p. 7.

Le bienveillant patronage que le roi de Navarre avait ainsi accordé à Henri de Coligny s'étendit, dès le berceau, à un second fils de François de Chastillon, ainsi que l'atteste cette mention, consignée par le jeune père de famille dans ses papiers domestiques[1] : « Gaspard, mon second » fils, nasquit à Montpellier, l'an 1584, le 16 juillet, un » jeudy, à la pointe du jour; et luy fut donnée, à sa nais- » sance, une compagnie d'infanterie, entretenue dans la » garnison de Montpellier. »

Cet enfant eut pour parrain son cousin, le comte de Laval.

Un troisième fils, auquel Marguerite d'Ailly donna le jour, en mai 1586, Charles, fut, comme ses aînés, accueilli avec joie, au sein de la famille.

En devenant son parrain[2], Damville, gouverneur du Languedoc, eut à cœur de faire désormais, vis-à-vis de François de Chastillon, office de cousin empressé de renouer des relations d'amitié qu'il avait eu le tort d'interrompre.

Trois mois après la naissance de Charles, Chastillon, retenu par d'impérieux devoirs militaires loin de sa femme et de ses fils, mais sachant toujours se rapprocher d'elle et d'eux, de cœur et de pensée, écrivait à Marguerite d'Ailly, avec une grâce charmante, que lui inspiraient les douces joies de sa triple paternité[3] : « Mon cœur, croyez que mes

1. « Extrait d'un livre manuscrit contenant les naissances de quelques » enfants de M. de Chastillon et de M⁰ᵉ Marguerite d'Ailly, sa femme. » (Ap. du Bouchet, *Preuves de l'histoire de la maison de Coligny*, in-f°, 1662, v° 699.)

2. « Dans les premiers jours de mai 1586 naquit, à Montpellier, le » troisième fils de Chastillon, qui reçut le nom de Charles. Damville fut » parrain de cet enfant. » (Journal de Charbonneau, ap. Aubaïs, *Pièces fugitives*, t. II. p. 18.)

3. Du Bouchet, *loc. cit.*, p. 680.

» trois enfans m'ont donné trois divers conseils. Henry,
» quand il est venu, m'a appris d'estre soigneux et pré-
» voyant; Gaspard, à sa naissance, m'a adverty que je devois
» songer pour vous et pour luy; Charles m'a fait résoudre
» d'estre de tout bon mesnager. Ainsy, croyez que j'y pense,
» et que je ne suis point père, sans être bon père, ny mary
» sans estre bon mary. »

A six semaines de là, s'adressant encore à sa femme [1], il exprimait ce vœu que lui dictaient ses sentiments chrétiens, son affection paternelle et son patriotisme : « Dieu me » veuille conserver mes enfans et me faire la grâce de les » voir grands, pour les rendre instrumens propres à servir » son église! »

Deux mois après, il terminait l'une de ses lettres à Marguerite d'Ailly par ces touchantes paroles [2] : « Je vous » recommande mes trois fils, et à Dieu, vous et eux. »

Un peu plus tard, il ajoutait [3] : « Louez Dieu, ayez soin de » nos enfans, et Dieu retirera ses verges de dessus nostre » famille, et nous donnera, pour un coup, autant de biens » que nous avons, depuis quinze ans, souffert du mal. Nous » voyageons parmi le désert, pour arriver à la terre pro-» mise. Craignons Dieu, rien ne nous manquera [4]. »

En mai 1589, la naisssance d'une fille vint offrir un aliment de plus à la tendre sollicitude de Marguerite et de Chastillon, qui lui donnèrent le nom de Françoise.

Une étroite communauté de sentiments élevés et de vues judicieuses constituait la condition la plus favorable dans laquelle les deux jeunes époux pussent se trouver placés

---

1. Du Bouchet, *loc. cit.*, p. 682.
2. Du Bouchet, *loc. cit.*, p. 683.
3. Du Bouchet, *loc. cit.*, p. 685.
4. La signature de François de Chastillon, au bas des lettres qu'il adressait à sa femme, était habituellement précédée de ces mots si expressifs dans leur simplicité : « Vostre bon mari et meilleur ami. »

pour imprimer une direction efficace à l'éducation de leurs
enfants. Cette direction fut maintenue avec une persévé-
rance qui triompha de nombreuses difficultés, inhérentes
aux temps si désastreusement troublés qu'eurent à traverser
les parents et les quatre frêles créatures, si chères à leurs
cœurs, alors que, d'une part, le père exposait journellement
sa vie sur les champs de bataille, et que, de l'autre, la
mère, confinée avec ses fils et sa fille au foyer domestique,
n'y demeurait même pas toujours à l'abri du danger, ainsi
que le prouve, à lui seul, le fait suivant.

En 1590, Chastillon, appelé, du midi de la France, à combattre, désormais, aux côtés du roi, dans les régions de
l'Ouest et du Centre, avait eu soin de faire sortir de Montpellier sa femme et ses enfants, et de leur ménager, à Châtillon-
sur-Loing, un asile dans le château paternel. Cet asile, à
la sûreté duquel il croyait pouvoir se fier, tandis qu'il se
voyait retenu au dehors sur le principal théâtre des hosti-
lités, n'échappa pourtant pas aux atteintes de l'ennemi; car,
dans le cours du mois d'octobre de cette même année 1590,
Marguerite d'Ailly y fut inopinément assaillie par une horde
de ligueurs qui la supposaient dépourvue de tous moyens
de défense. Mais à la brutale agression dont, au premier
moment, elle fut personnellement victime, succéda bientôt
une défaite qui tourna à son avantage. Un contemporain de
l'événement en rend compte, en ces termes [1] : « Bourron,
» gouverneur de Montargis, se résolut de surprendre la mai-
» son de M. Chastillon, avec cinq ou six cents hommes;
» ce qu'il feit, print Mme de Chastillon prisonnière ; et,
» pendant qu'ils fourrageoient la maison, quelques-uns du
» lieu, en bien petit nombre, se résolurent de secourir le

---

1. « Mémoire de ce qui est advenu en l'armée du roy depuis le
» 15 septembre jusqu'au 4 novembre 1590. » (Bibl. nat., mss. f. fr.,
vol. 5,045, f° 246.)

» chasteau de leur seigneur. Ils donnent dedans, avec l'aide
» de quinze soldats qui estoient retirés en une tour, en
» chassent les ennemis, recouvrent ladite dame et tout ce
» qui avoit esté prins ; et y demeura ledit Bourron prison-
» nier. »

Vivement ému du danger qu'avaient couru sa femme et
ses enfants, Chastillon s'occupa, depuis lors, à mettre son
château en complet état de défense. On en trouve la preuve
dans ce passage d'une lettre de sa sœur, la princesse
d'Orange, en date, à Middelbourg du 29 mars 1591 [1] : « Je
» reçois lettres de mon frère, du 4 de ce mois, du camp
» devant Chartres, il y dit qu'il fait fortifier sa maison
» de Châtillon, et qu'il la rendra si forte, que cette seule
» place dans ce pays-là, seroit suffisante à le tenir en
» l'obéissance du roy. Sa femme, son fils et sa belle-sœur
» y sont. »

Chastillon put-il complètement réaliser le projet qu'il
avait conçu de fortifier son château? On ne sait. Ce qui est
certain, du moins, c'est que Marguerite d'Ailly continua à
y résider, en l'absence de son mari, qui semblait devoir se
prolonger indéfiniment, et qu'une garnison ne tarda à être
établie dans la ville de Châtillon-sur-Loing.

Henri IV devait au génie militaire et à l'insigne valeur
de François de Chastillon la possession de Chartres : mais,
à quel prix le fidèle lieutenant du monarque avait-il accom-
pli, sous les murs de cette ville, l'un de ses plus grands
exploits? Il avait, hélas! reçu une grave blessure qui, à
quelques mois de là, devait causer sa mort. « Au siége de
» Chartres, rapporte Brantôme [2], M. de Chastillon alla à
» l'assaut et eut un grand coup de cartier [3] sur la teste : et,

1. *Archives nat. de France*, R². 53.
2. Édition L. Lal., t. VI, p. 204.
3. Quartier de pierre.

» sans le casque, il estoit mort tout roide. » Il se préoccupa d'ailleurs si peu des funestes conséquences que pouvait entraîner sa blessure « qu'il ne garda ny lict, ny chambre, » car il n'estoit autrement vanteur de court[1]. »

Après la reddition de Chartres, Chastillon alla en Languedoc[2], d'où il revint bientôt diriger, au centre de la France, tout un ensemble d'opérations, dont une lettre qu'il adressa au roi, le 17 juillet 1591[3] révéla la portée.

A la suite de ces opérations, il lui fut enfin possible de séjourner au milieu des siens, dans son château, où sa présence se conciliait, pour quelques semaines, avec l'accomplissement de ses devoirs d'homme d'État et de guerrier. De ce château, pendant les mois d'août et de septembre, rayonna, comme d'un centre déterminé par les circonstances, l'activité qu'il ne cessa de déployer au service de la patrie et du roi.

A cette époque, on attendait encore beaucoup de lui, quand déjà, sans qu'on s'en doutât, il touchait au terme de sa glorieuse carrière.

En effet, bientôt se déclara une crise alarmante : « Le » coup qu'il avoit reçu, au siège de Chartres, lui estoit » demeuré si sourd et si dangereux, qu'au bout de quelques » jours, le mal, longtemps couvé, vint à jouer son jeu[4]; » jeu funèbre, sous la pression duquel les soins les plus assidus restèrent sans efficacité.

Le 8 octobre, après une courte maladie, Chastillon succomba.

1. Brantôme, *loc. cit.*

2. La preuve de sa présence en Languedoc, à cette époque, ressort d'une pièce de comptabilité militaire qu'il signa à Montpellier le 31 mai 1591. (Bibl. nat., mss., collection intitulée : *Pièces originales*, vol. 814, dossier 18,338, pièce n° 80.)

3. Du Bouchet, *loc. cit.*, p. 691, 692.

4. Brantôme, édit. L. Lal, t. VI, p. 205.

Il n'était âgé que de trente-quatre ans, cinq mois et quelques jours.

Ainsi fut prématurément ravi à l'affection des siens le fervent chrétien, l'héroïque Français qui, jusqu'à son dernier soupir, était demeuré fidèle à sa noble devise : *Dieu et patrie* ; devise que son fils aîné, tout enfant qu'il était encore, ressaisit avec une pieuse ardeur, et, qu'à peu d'années de là, il sut, à son tour, porter haut élevée.

CHAPITRE II

A la mort de François de Chastillon coulèrent bien des larmes. Le roi lui-même pleura, car il sentit toute l'étendue de la perte qu'il subissait en la personne de l'un de ses plus constants serviteurs.

Il fit preuve tout à la fois de sympathie et de générosité, vis-à-vis de Marguerite d'Ailly, en lui faisant immédiatement parvenir l'assurance qu'il s'associait à son immense deuil; et qu'il ne pouvait, ni mieux honorer la mémoire de son mari, ni manifester plus positivement sa confiance dans la direction qu'elle et lui avaient imprimée à l'éducation de Henri de Coligny, son filleul, qu'en transmettant à cet enfant « tous les estats qu'avoit son père ».

Plus le rôle de la mère chrétienne grandit dans le veuvage, alors que la double protection qui naguère s'étendait sur ses enfants ne doit plus, en se transformant, émaner désormais que d'elle seule, plus elle est touchée des sérieux témoignages d'intérêt par lesquels de nobles cœurs cherchent à alléger le poids de son isolement [1]. Or, Marguerite d'Ailly, comme mère, savait se tenir à la hauteur de ses devoirs, en s'appliquant à faire revivre dans l'âme de ses enfants les sentiments élevés qui avaient constamment ins-

---

1. Voir *Appendice*, n° 1.

piré leur père et elle-même; comme femme, elle savait se
montrer reconnaissante.

La dignité de son langage répondait à celle de son caractère. Les lignes suivantes portent l'empreinte de l'une et
de l'autre.

« Sire, écrivait-elle, du château de Châtillon, au roi, le
» 7 novembre 1591 [1], puisqu'il a pleu à Vostre Majesté, ayant
» pitié de ceste désolée famille, l'avoir consolée par vostre
» bonté et libéralité, confirmant à mon fils les bienfaits dont
» elle avoit honoré feu M. de Chastillon, je tiens ceste obli-
» gation si grande, qu'après le service de Dieu, je ne me
» veux rendre capable d'autre plus grande félicité, que de
» pouvoir nourrir et instruire mes enfans au debvoir qu'ils
» vous ont, et principalement l'ayné, qui pourra, dans trois
» ou quatre ans, commencer d'estre auprès de Vostre Ma-
» jesté. C'est maintenant le but de tous mes désirs, et la
» prière que je fais à Dieu, qu'il luy plaise bénir mon labeur,
» en sa nourriture, afin qu'il puisse imiter la vertu de son
» père, et demeurer aux pieds de Vostre Majesté, luy rendant
» la très humble obéissance qu'un fidèle subject doibt à son
» roy.

» J'ay tant d'occasions de remercier Vostre Majesté, que
» je ne sçay par où je doibs commencer pour luy en rendre
» grâces; et mesmes de ce qu'il luy a pleu continuer la
» garnison de ce lieu et pourveoir par ce moyen à la seureté
» de ma vie et de mon fils. C'est pourquoy je vous suplyerai
» très humblement, sire, de commander que les assigna-
» tions qui seront données pour l'entretenement de ladite
» garnison soyent certaines, affin que j'y puisse vivre avec
» quelque repos, et vouloir trouver bon que le sieur de
» Piffons soit pourveu de la commission pour commander à

---

1. Bibl. nat., mss. f. fr., vol. 3,644, f° 29.

» la ville et au chasteau. Il est gentilhomme d'honneur et
» fort affectionné à vostre service, particulièrement à ceste
» maison, et intime amy de feu mon mary. C'est pourquoy
» je fonde ma requeste avec plus de hardiesse, suivant
» l'intention qu'avoit M. de Chastillon de vous en supplyer.
» Oultre le bien que ferés à ceste maison, l'authorité de
» Vostre Majesté y sera mieux conservée, parce qu'estant
» gentilhomme d'honneur, riche d'amys, et commandant
» en ceste place, où le bailliage de Montargis est transféré,
» à cause de leur rébellion, vos tailles en seront mieux
» payées, et le pauvre peuple plus soulagé. Je vous supplye
» très humblement m'accorder ma requeste et (croire) que
» je demeure, sire, vostre très humble et très obéissante
» subjecte et servante. »

Au nombre des *états* dont François de Chastillon avait
été pourvu, se trouvaient ceux d'amiral de Guyenne et de
gouverneur de Montpellier.

Henri IV assura la transmission du premier de ces états
à Henri de Coligny par la provision suivante [1] :

« Sçavoir faisons que nous, deuement assurez du soin
» et diligence que feu nostre très cher et bien amé
» cousin, le sieur de Chastillon, comte de Coligny, prenoit
» à faire nourrir et eslever ses enfans, pour les rendre ca-
» pables de nous faire, un jour, quelque bon service, et
» espérant que nostre cher et amé cousin Henri de Coli-
» gny, son fils aisné, ayant pris une si bonne nourriture,
» ne voudra dégénérer, ains sera pour ensuivre les vertus
» et louables qualitez qui estoient en sondit père ;

» A iceluy, pour ces causes et autres bonnes et grandes
» considérations à ce nous mouvans, avons donné et octroyé,
» donnons et octroyons par ces présentes l'estat et charge

1. Du Bouchet, *Preuves de l'histoire de la maison de Coligny*,
p. 1077.

» d'admiral en nostre province de Guyenne, dont souloit
» jouir et estoit pourveu feu nostredit cousin, son père,
» vaquant à présent par sa mort et trépas; pour dudit estat
» et charge jouir et user par nostredit cousin de Coligny,
» et icelle doresnavant exercer, aux honneurs, authoritez,
» prérogatives, prééminences, franchises, libertez, gages,
» droits, estats, fruits, profits, revenus et émolumens accous-
» tumez, tels et semblables que les ont cy-devant eus ceux
» qui en ont esté pourveus, et que les avoit et prenoit feu
» sondit père, tant qu'il nous plaira, etc., etc. — Donné, au
» camp, à Darnetal, devant Rouen, le 26 décembre 1591. »

En ce qui concernait la charge de gouverneur de Montpellier, le roi, après en avoir également assuré la transmission à Henri de Coligny, jugea opportun d'insister auprès
de Damville, pour que ses bienveillantes intentions à l'égard
du nouveau titulaire fussent, en Languedoc, pleinement
remplies.

« Mon cousin, disait-il au duc, le 19 janvier 1592[1], je
» vous ay cy-devant escript comme j'avois donné au fils
» aisné du feu sieur de Chastillon tous les estats qu'avoit
» son feu père, l'un desquels est le gouvernement de ma
» ville de Montpellier : de quoy je vous ay bien voulu
» advertir, estant mon intention qu'il en jouisse tout
» ainsi que faisoit ledit feu sieur de Chastillon, son père,
» et que les cappitaines qu'il y avoit laissez en garnison,
» à son partement, commandant les compagnies de ses
» enfans, y soient continuez avec le mesme pouvoir qu'ils
» avoient auparavant, sans qu'il soit changé auleune chose
» en l'ordre et garde de la ville, veu qu'ils se sont tou-
» jours bien conservez avec mes subjects, les habitans
» d'icelle, en bonne union et concorde, tant d'une que

____

1. *Recueil des lettres missives de Henri IV*, in-4°, t. III, p. 552.

» d'autre religion[1]. Je leur ay escript à tous de continuer
» de bien en mieux; vous priant, mon cousin, aimer tou-
» jours ces enfans, pour l'amour de moy, et faire pour eux
» tout ce qui sera en vostre pouvoir; et croyez que vous
» ferés chose qui me sera très agréable, etc., etc. — Escript
» au camp de Darnetal, devant Rouen. »

Une autre lettre du roi à Danville, datée d'Aumale, 4 février 1592[2], portait :

« Mon cousin, j'ai continué aux enfans du feu sieur de
» Chastillon tous les dons que je luy avois et, faicts; d'au-
» tant que je désire qu'ils ne leur soyent inutiles, je vous
» prie de les faire jouir de ce qui sera en vostre gouverne-
» ment, afin qu'ils ayent plus de moyens d'estre instruits,
» pour se rendre capables de me faire, un jour, service.
» La dame de Chastillon, leur mère, m'a faict entendre
» comme desjà vous leur avés, et à elle, monstré beaucoup
» d'amitié; de quoy je suis bien ayse; m'asseurant que con-
» tinuerés à les aimer et favoriser en tout ce qui sera de
» vostre pouvoir. Leur père m'a faict de si bons services,
» que je m'en veux ressouvenir envers eux. »

Si Marguerite d'Ailly, comme veuve et comme mère,
n'avait qu'à se louer des bontés du roi, il n'en était pas de
même de certains agents de l'autorité suprême, dont l'inertie
paralysait parfois l'exercice de ses droits et de ceux de ses
enfants. On en trouve la preuve, notamment, dans la teneur

1. Il importe de rappeler ici que François de Chastillon avait, par sa
sagesse et par sa fermeté dans l'exercice des fonctions de gouverneur de
Montpellier, pleinement réussi à faire vivre en paix, les uns avec les
autres, les habitants de cette ville, tant catholiques que protestants. Un
solennel hommage lui avait été rendu, en ce point, par des hommes sur
lesquels, comme sur tant d'autres, s'était étendue sa protection, et qui
étaient particulièrement à même d'apprécier ses sentiments et ses actes.
(Voir *Appendice*, n° 2.)

2. *Lettres missives de Henri IV*, t. III, p. 561.

d'une réclamation qu'elle adressa, le 26 février 1592, à un
haut personnage dont le nom n'a pas été indiqué par elle,
mais qui était, tout porte à le croire, le gouverneur du Languedoc, Damville.

« Monseigneur, écrivait-elle, de Châtillon[1], audit per-
» sonnage, ce porteur vous fera particulièrement entendre
» comme je suis travaillée pour six mille escuz dont j'ai
» esté trouvée obligée, après la mort de feu M. de Chas-
» tillon, mon mary, par un office de président et trésorier
» de France qui lui fut baillé par le roy, en récompense
» desdits six mille escuz, qui furent employés à dégager, des
» hostelleries de Montpellier, les troupes qu'il avoit levées
» dans le Languedoc, pour ce qu'on ne luy avoit voulu
» donner aucun quartier à la campagne; duquel office Sa
» Majesté a, du depuis, disposé et s'est servie, au siége de
» Rouen, des deniers qui en provindrent; m'ayant esté, au
» lieu, donné une assignation dont je n'ay pu estre payée,
» faulte d'estre couchée en l'estat, encore qu'il fûst or-
» donné, en l'année dernière, qu'elle me seroit acquittée,
» par préférence à toutes autres.

« Vous sçavez, monseigneur, le service que lesdites
» troupes firent, au siège de Paris, et en quel équipage
» elles estoient; et qu'il ne seroit raisonnable que je per-
» disse cette somme, pour la récompense des services que
» mon mary a faicts à Sa Majesté, en toutes occasions. Je
» sçay la puissance qu'avés de me faire plaisir en cest
» affaire; qui me faict vous suplyer très humblement, mon-
» seigneur, que je sois couchée en l'estat qui se faict, ceste
» année, sur le Languedoc, où je suis assignée, pour me
» désengager des gros intérêts que je souffre, à ceste occa-
» sion. »

1. Bibl. nat., mss. f. fr., vol. 3,632, f° 113.

La position de fortune de la veuve et des enfants de François de Chastillon, à la mort de celui-ci, loin d'être prospère, était au contraire voisine de la gêne ; gêne pénible, sans doute, dans ses effets journaliers, mais parfaitement honorable dans sa cause, puisqu'elle provenait uniquement des sacrifices pécuniaires faits, à diverses reprises, par le généreux défunt, au service des intérêts supérieurs qu'il avait soutenus avec une inébranlable constance.

En un tel état de choses, Marguerite d'Ailly, pour faire face aux légitimes exigences d'une situation personnelle que les circonstances défavorables de l'époque menaçaient d'aggraver, s'occupait, dans la mesure du possible, de recouvrer ce qui lui était dû, en usant d'ailleurs d'une délicatesse de ménagements, dont la lettre suivante est un exemple :

« Madame, écrivait-elle à la duchesse de Nevers[1], sui-
» vant la promesse qu'il vous a pleu me faire par vostre
» dernière lettre, j'envoye ce lacquais exprès pour sçavoir
» (quand) vostre commodité permettra d'achever de me
» payer. Je suis très marrye de voir que je vous suis impor-
» tune, car mes biens ne sont pas seulement à vous, mais
» tout ce que j'ay de plus cher en ce monde vous est telle-
» ment acquis, que je m'estimeray heureuse, si je vous
» puis tesmoigner combien je vous suis servante. Mais d'au-
» tant, madame, que, au commencement de ce misérable
» estat où Dieu m'a voulu réduire, je trouve les affaires
» de mes enfans fort embrouillées, je suis contrainte de
» vous importuner ; et ce qui me rend plus hardie en cest
» affaire, c'est que la somme est petite, ayant esgard à une
» grande princesse qui doibt aymer sa servante, comme
» je suis ; vous asseurant, madame, que, si j'eusse voulu

1. Bibl. nat., mss. f. fr., vol. 3,633, f° 120.

» bailler mes canons aux gouverneurs de ce païs, il y a
» longtemps que j'eusse mon argent ; mais j'ay mieux aymé
» satisfaire à mon debvoir, en obéissant à vos commande-
» mens, que de préférer mes amis particuliers contre
» vostre volonté, laquelle me servira tousjours de loy. »

CHAPITRE III

Tout en s'occupant, en mère vigilante, de sauvegarder
les intérêts matériels de sa maison, Marguerite d'Ailly pre-
nait un soin particulier de l'éducation de ses enfants ; elle
s'attachait à continuer, en tout ce qui dépendait d'elle,
l'œuvre qu'elle avait, sur ce point capital, entreprise et
poursuivie, de commun accord, avec son mari.

Elle se sentait secondée, dans l'accomplissement de cette
œuvre, par l'ensemble de conditions favorables que lui présentait un séjour tel que celui du château de Châtillon. Le
calme régnant dans cette retraite, peuplée, pour elle, de tant
de souvenirs, concordait, loin de l'agitation du monde, avec
le sérieux et la marche régulière de la tâche sacrée que lui
imposait son veuvage, et dont, sans défaillance elle mesu-
rait l'étendue. Son affection maternelle se fortifiait au contact des vérités et des promesses émanées de Dieu, qui se
révèle comme protecteur suprême de la veuve et de l'or-
phelin.

A ne parler ici que de l'aîné de ses fils, destiné par elle à servir de modèle aux deux autres, elle voulait, en mère chrétienne, faire de lui un homme, dans la haute acception de ce mot. Delà, le soin primordial de le former au service de son divin maître, puis, le soin secondaire, de le préparer, par de familières exhortations, à aborder, dès que les circonstances le permettraient, le seuil d'une carrière de viril dévouement.

Au cœur de la mère correspondait celui de l'enfant.

De plus, la vive intelligence de Henri saisissait avec ardeur les conseils que Marguerite d'Ailly lui donnait, et les perspectives qu'elle lui faisait envisager.

Dès l'âge de neuf ans, il se montrait respectueusement fier du grand nom qu'il portait, et reconnaissant des royales bontés dont il était l'objet.

Ce fut alors que, confiante dans les sentiments qui animaient son fils, Mme de Chastillon jugea opportun de le mettre en état de se former, pratiquement, sur place, une idée de la nature des devoirs inhérents à l'une des deux fonctions dont le souverain l'avait libéralement investi, en d'autres termes, à celle d'amiral de Guyenne.

Dégagée de toute illusion, elle savait, assurément, qu'au début l'exercice de cette grave fonction devait être, pour Henri, beaucoup plus nominal que réel; mais elle n'en demeurait pas moins fondée à pressentir que, quelque jeune qu'il fût encore, il pourrait, si elle le mettait en rapport avec des hommes capables d'apprécier ses aptitudes naissantes et son bon vouloir, se concilier, de leur part, un sympathique intérêt et des encouragements destinés à devenir pour lui le plus efficace des modes d'initiation à la connaissance et à la pratique de ses devoirs de haut fonctionnaire. Aussi, n'hésita-t-elle pas à quitter momentanément le château de Châtillon, avec Henri, pour aller le présenter à la plus notable des populations maritimes comprises dans le vaste ressort de l'amirauté de Guyenne[1].

Elle et lui arrivèrent le 25 mai 1592 à La Rochelle[2].

Là, dans le cours de ses entretiens avec les principaux habitants de cette vaillante cité[3], elle se porta garante des sincères efforts que ferait son fils, en se dévouant à eux sans réserve, pour conquérir leur estime et leur affection. Non seulement on crut à la parole de la noble femme ; mais, presque aussitôt, à voir cet enfant au maintien à la fois modeste et assuré, au regard limpide et franc, au langage cordial, digne, en tous points, de celui que sa mère venait de tenir, les Rochelois s'éprirent de lui, et saluèrent, en sa personne, le loyal descendant de deux héros, à la mémoire desquels il demeuraient fidèles.

A leur chaleureux accueil se joignit un nouveau témoignage du bienveillant intérêt que le roi de France portait à son jeune protégé. On le vit, en effet, s'attacher à faire prévaloir, vis-à-vis de l'Angleterre, par voie diplomatique, les droits de Henri de Coligny, à titre de successeur de son père, dans l'amirauté de Guyenne[4].

L'impression produite par la mère et le fils, dès leur premier séjour à La Rochelle, était décisive : l'une et l'autre y avaient conquis le cœur d'hommes recommandables.

---

1. « L'amirauté de La Rochelle se trouvait autrefois dans le district » de l'amirauté de Guienne. » (Arcère, *Histoire de la ville de La Rochelle et du pays d'Aulnis*, in-4°, 1757, t. II, p. 550.)

2. « Le 25e jour de may 1592 est venue en ceste ville (La Rochelle) la » famme de feu M. de Chastillon, amiral de la mer. Ladite estoit logée » *aux Troys Marchans*, et amena avecques elle son fils... Le roy de » France et de Navarre lui a donné les estats de feu son père, qui estoit » amiral de la mer. » (*Diaire* de Jean Bergier. Bibliothèque de la ville de La Rochelle, mss. n° 3,112.)

3. Voir *Appendice*, n° 3.

4. Voir *Appendice*, n° 4.

Mue, ainsi que son fils, par le désir fort naturel d'affermir une conquête appréciée à sa juste valeur, Mme de Chastillon revint, avec le jeune amiral, dans les premiers mois de l'année 1593, à La Rochelle.

Tous deux y reçurent, de nouveau, un parfait accueil.

Les relations continues que Henri de Coligny entretint alors avec les personnes les plus éclairées et les plus influentes de la ville ne pouvaient qu'accroître la confiante affection qu'elles lui avaient vouée. Et non seulement cela ; mais, quelle que fût la condition de ceux des habitants qui le voyaient et l'entendaient, tous indistinctement s'attachèrent à lui ; car le propre d'une nature d'élite, même chez l'enfant, est d'exercer autour d'elle une irrésistible puissance d'attraction.

Frappés de l'ardeur et de la sagacité avec lesquelles Henri de Coligny s'intéressait tant au mouvement des affaires commerciales qu'aux expéditions maritimes de tout genre, les Rochelois se proposèrent de saisir la première occasion qui s'offrirait à eux de soumettre à une sérieuse épreuve les bonnes dispositions que manifestait le jeune amiral. Or, voici quelle fut cette occasion, assurément fort solennelle.

Le maréchal de Matignon, investi par le roi d'un commandement supérieur en Guyenne, assiégeait, depuis quelque temps, la place de Blaye, qu'occupaient les ligueurs, lorsque en avril 1593 une flotte espagnole s'avança dans la Gironde pour secourir les assiégés. Informé de cette circonstance, le maréchal eut recours aux Rochelois, sur l'appui desquels il savait pouvoir compter.

Instamment priés par lui d'équiper, au plus tôt, des navires qui vinssent, en nombre suffisant, engager la lutte contre ceux de l'ennemi, ils répondirent avec un généreux empressement à son appel en armant, à leurs frais, dans le court espace de dix jours, trois galiotes et quatorze vaisseaux de guerre, que montaient de solides équipages.

Qui allait prendre le commandement de ces dix-sept bâtiments, si rapidement mis en état de tenir la mer?

La question ne fut pas un seul instant douteuse pour les Rochelois. Dans l'élan d'une louable spontanéité, ils décernèrent le titre de chef de l'expédition à leur nouvel amiral. Cet amiral exceptionnel n'était, il est vrai, qu'un enfant de dix ans[1]; mais cet enfant, de haute race, portait en lui un cœur sur lequel planaient, comme une double égide, ceux de son aïeul et de son père. Voilà ce que chacun sentait; et c'en fut assez pour qu'on tînt à honneur de se grouper autour du noble enfant, qui frémissait d'enthousiasme, à la pensée de payer de sa personne, en s'avançant à la rencontre des Espagnols.

Mme de Chastillon savait que Henri allait exposer sa vie; mais elle l'avait formé à la double école du devoir et du sacrifice. Aussi, sans regret comme sans faiblesse, le laissa-t-elle se séparer d'elle, après avoir appelé sur lui les bénédictions d'en haut.

Laissons parler ici, au sujet de l'armement dont il s'agit, les Rochelois eux-mêmes, et un envoyé du roi.

Les premiers écrivaient à Ph. de Mornay, le 21 avril 1593[2] :

« Nous vous remercions humblement de l'affection qu'il » vous plaist nous continuer, de laquelle vous faites ample » démonstration. Les incommodités et traverses que nous a

---

1. Né en août 1583, Henri de Coligny touchait à peine à sa dixième année lorsque, le 28 avril 1593, il partit pour Blaye avec la flotte rocheloise. Arcère a donc commis une légère erreur en énonçant qu'à cette dernière date il avait douze ans. (V. son *Histoire de La Rochelle*, t. II, p. 75.)

2. Lettre des maire, échevins, conseillers et pairs de la ville de La Rochelle. (*Mémoires de Ph. de Mornay*, édit. de 1824, t. V, p. 401.)

» données La Limaille[1], ont apporté telle conséquence, que
» l'armée d'Espaigne, sans aulcune difficulté, est entrée
» en la rivière de Bourdeaulx, à la vue de partie de ses
» navires ; et néantmoins, quelque défiance qui puisse estre
» entre lui et nous, nous équippons le plus grand nombre
» de vaisseaulx qu'il nous est possible, entre lesquelz nous
» en avons ung de quatre cents tonneaux, et nos galio-
» tes, pour secourir M. le mareschal de Matignon et
» charger l'ennemi, pour faire paroir que, quelque dur
» traitement que nous recevions, nous ne manquerons ja-
» mais au service que nous debvons au roy et à l'Estat. »

Le 26 du même mois, le conseiller d'État de Vic, en mission dans la Guyenne, adressait à Ph. de Mornay le rapport
suivant[2], destiné à être placé sous les yeux du roi :

» Encores que mon voyage a esté plus long, à mon grand
» regret, que je n'espérois, si est-ce que les occasions qui
» l'ont prolongé sont telles, que j'espère en donner quelque
» contentement à Sa Majesté et à vous aussi, monsieur,
» m'estant instruit de plusieurs particularitez importantes à
» son service, tant à Bordeaux et Blaye qu'ailleurs, où j'ai
» passé.

» Il y a six jours tantost que je suis arresté ici pour dis-

1. Ph. de Mornay (v. ses *Mémoires*, t. V, p. 406) écrivait de Saumur
au duc de Bouillon, le 29 avril 1593 : « Vous aurés sceu comme La Ro-
» chelle est aux prinses avec les vaisseaux de M. de Saint-Luc, com-
» mandés par le capitaine La Limaille. Cela n'aigrit pas peu, mesme les
» circonvoisins, et vient sur une saison, comme j'ai déjà escrit à Sa Ma-
» jesté, qu'il pourroit passer plus oultre. Je vous prye que cest affaire
» ne soit traicté négligemment. » — Le 19 avril précédent, de Mornay
(*ibid.*, p. 396) avait écrit au roi : « La Rochelle est en grande rumeur
» depuis trois semaines, parce que l'armée commandée par La Limaille
» est à la rade qui faict payer le subside. Les boutiques, depuis ce jour,
» y ont été fermées; deux canons logés sur la pointe de Coreille et deux
» à chef-de-bois, il est nécessaire que Sa Majesté y pourvoie, etc. »
2. *Mémoires de Ph. de Mornay*, édit. de 1824, t. V, p. 402, 403, 404.

» poser MM. les maire et échevins à donner quelque no-
» table secours contre l'armée navale d'Espaigne, qui, dès
» jeudi dernier, fust veue devant Talmont, en nombre de
» vingt voiles, et mouillèrent l'ancre à Moche, attendant la
» première commodité pour donner à Blaye. Ladite armée
» ne sauroit porter plus de quinze ou dix-huit cents hommes,
» n'estant le plus grand de leurs navires que de sept ou
» huict vingt tonneaux. On a advis qu'à Sainct-Ander, en la
» coste de Biscaye, dont elle est partie, s'en prépare une
» aultre de seize grands navires, et quatre ou six galères,
» pour la suivre de près; de sorte que, si elles se peuvent
» joindre, elles partiront ensemble, ce qui ne leur pourra
» estre empesché.

» Lesdicts sieurs de cette ville ne se résolurent, au com-
» mencement, qu'à défendre l'isle de Ré, tant pour n'avoir
» auleungs grands vaisseaux, qu'ainsi pour les grandes dé-
» fiances qu'ils ont du sieur de La Limaille. Enfin, après
» l'élection d'un nouveau maire, qui feust faiste hier de la
» personne de M. du Jon, où je me trouvai, on advisa
» d'armer tout ce qui se pourra, et aller attaquer ladite
» armée, et m'asseura qu'avec l'aide de Dieu, si elle n'est
» hors de la rivière, dans demain au soir, elle n'en sortira
» que par pièces. J'estime qu'il partira de ceste ville sept
» ou huict bons navires et trois galliotes, mieux armés et
» pourvus de toutes choses nécessaires que l'Espaignol ne
» croit, et me promets que le tout sera prest dans ce jour et
» sortira du port, s'il est possible.

» *M. de Chastillon*[1] y doibt aller en personne, pour oster
» les contentions qui pourroient naistre, pour le commande-
» ment, entre ceste armée et celle du sieur de La Limaille.
» M. Gargouillaud commandera les gallères, et n'y a aul-

1. Henri de Coligny.

» cung des galans et braves qui ne veuille estre de la
» partie.

  » J'ai dépesché audit sieur de La Limaille, avec lequel
» j'avois conféré, pour l'accommoder avec ceste ville. Il s'est
» embarqué et est à la veue de l'armée ennemie. J'ai
» obtenu qu'il pourra prendre ici plusieurs choses qui lui
» estoient nécessaires. M. de Retouille lui a baillé quatre
» ou cinq cents hommes de guerre ou matelots; qui me
» fait croire que, s'ils les peuvent adjoindre, l'Espaignol
» ne fera, pour ce coup, aulcune conqueste, comme il se
» promettoit.

  » J'ay donné advis de tout ce que dessus à M. le mares-
» chal, qui m'avoit envoyé homme exprès pour faire em-
» barquer ce qui se pourroit de ce costé. Par ce moyen il
» sera servi dudit sieur de La Limaille, qu'il avoit toujours
» rejeté, et ces messieurs s'apprivoisent avec celui qu'ils
» ont voulu combattre. Bien est vrai qu'ils désirent de lui
» quelque asseurance, laquelle j'ay envoyé quérir, afin qu'il
» ne se parle en ceste assemblée que de combattre les en-
» nemis de la France ; mais j'espère que cela n'empeschera
» leur embarquement, etc., etc. »

Retenue par les vents contraires dans la rade de La Palisse, la flotte rocheloise ne put mettre à la voile que trop
tard pour répondre complètement à la destination qui lui
avait été assignée. En effet, quand elle mouilla devant
Royan, les Espagnols, avertis de son approche, avaient
déjà disparu et gagné la haute mer[1].

Un appréciateur désintéressé caractérise en quelques
mots d'une incontestable justesse l'attitude de Henri de
Coligny dans la circonstance qui nous occupe : « Ce

1. Arcère, *loc. cit.* — De Massiou, *Histoire politique, civile et religieuse de la Saintonge et de l'Aunis*, t. II, p. 154. — Voir à l'*Appendice*,
n° 5, certains détails particuliers que fournit le *Diaire* de Jean Bergier.

» jeune homme, dit-il, était déjà digne du beau nom qu'il
» portait [1]. »

Il n'est pas sans intérêt de remarquer que, dans le cours
de cette même année 1593, de laquelle datait pour lui une
sorte de début dans la carrière des armes, Henri de Coligny
apprit à connaître la nature des étroites relations établies
alors entre la marine rocheloise et celle des provinces
unies des Pays-Bas ; de ces provinces sur le sol desquelles
il devait un jour se signaler avec tant d'éclat en s'associant
à leur glorieuse lutte contre les Espagnols.

Quoi de plus clair à ses yeux, par exemple, quant à la
solidité de ces relations, que les paroles suivantes adressées
aux états généraux [2] par les représentants autorisés de la
ville de La Rochelle et de ses institutions maritimes?

« Messieurs, comme nous avons reçu avec très grand
» contentement vos vaisseaux de guerre és costes de deçà,
» aussi nous vous en avons bien voulu, par la présente,
» rendre témoignage certain ; et, pour vous assurer que au-
» cune personne ne viendra jamais, de vostre part, de deçà,
» qu'elle ne nous trouve toujours très dispos à la recevoir
» avec aultant d'affection qu'elle sçauroit desirer de nous,
» comme nous avons prié monsieur l'admiral de vos vaisseaux
» le vous faire plus particulièrement entendre ; auquel nous
» nous recognoissons estre particulièrement obligez, pour
» l'affection qu'il nous a tousjours démonstrée à s'employer
» pour nous en cas de nécessité, laquelle, bien qu'elle
» ne soit présente, nous ne laissons pourtant de sentir les
» effets de sa bonne volonté, combien n'aiant entreprise és

1. Arcère, *loc. cit.*
2. Archives générales du royaume de Hollande. — Registre des dépêches relatives aux affaires de France de 1585 à 1593. Document intitulé :
« Les iceulx de la ville de La Rochelle aux estats généraux des provinces
» unies des Pays-Bas. »

» costes en deçà; ce que peult-estre il eust faict; ce qui
» nous oblige plus particuliérement vous continuer tous-
» jours l'amitié, correspondance et union qu'il y a heu entre
» vos seigneuries et nous, ce qui sera toujours de nostre
» part pour vous rendre le service que nous vous debvons.
» En cest endroict, nous prions Dieu, messieurs, vous don-
» ner, en santé, heureuse et longue vie. — De vos excel-
» lences et seigneuries, les très humbles, affectionnez servi-
» teurs, les maire, eschevins, conseillers et pairs de la
» ville de La Rochelle. — La Rochelle, le 26 août 1593. »

Mme de Chastillon n'avait quitté La Rochelle, en 1593,
qu'avec la ferme intention d'y ramener son fils, l'année suivante. Elle revint, en effet, avec lui dans cette ville au
printemps de 1594.

Ce n'est pas, dans la sphère de la vie privée, l'une des
preuves le moins significatives de la nature des relations
de la mère et du fils avec telle ou telle famille rocheloise
que la satisfaction qu'on éprouva à voir Henri de Coligny
présenter alors, comme il le fit ultérieurement en diverses
circonstances[1], un enfant au baptème. De là l'intérêt qui
s'attache à un document, dont voici la reproduction tex-
tuelle[2] :

« Le lundy, 30e jour de may 1594, ont esté batizés
» par M. Rotan[3] Hanry et Benjamin, enfans de Simon
» Berengen et de Rachel Brachet. Pairrain de Hanry,

1. Les *Éphémérides historiques de La Rochelle* (t. II, p. 209) portent : « La comtesse de Chastillon et son fils paroissent avoir séjourné
» longtemps à La Rochelle, car Henri y présenta plusieurs enfans au
» baptème en 1594 et 1595, etc. »

2. Je dois la communication de ce document à l'obligeance du savant
archiviste du département de la Charente-Inférieure, M. Meschinet de
Richemond. — Au bas dudit document est apposée cette mention :
« Temple de Saint-Yvon, à La Rochelle. »

3. Voir *Appendice*, n° 6.

» *Hanry de Colligny, seigneur de Chastillon* ; mairraine
» Lize Couet Niveray ; pairrain de Benjamin, maistre Ni-
» colas Bennerau, seigneur de Roziers, lieutenant général
» au siége de ceste ville ; mairraine dame Françoise
» Gorribon.   » ROTAN, CHASTILLON, BENNERAU. »

Mme de Chastillon était encore à La Rochelle en
juillet 1594, lorsque vint inopinément se présenter à elle
Emery de Barrault, porteur d'une lettre du roi, que, selon
ses instructions, il accompagna de communications ver-
bales. Le tout nécessitait une prompte réponse : Marguerite
d'Ailly ne la fit point attendre.

De quoi s'agissait-il ? on l'ignore ; mais il y a tout lieu
de croire, d'après la teneur d'une lettre d'Emery de Barrault au roi, qui va être rapportée, que la situation officielle
de Henri de Coligny était menacée par d'instantes démarches du nouveau maréchal de Biron [1], suivies, ainsi que
le pensait Ph. de Mornay, d'une promesse du roi, de trans-
férer à ce solliciteur tenace la charge d'amiral de
Guyenne.

Etait-il réellement vrai que le roi eût fait cette promesse? Mme de Chastillon ne pouvait le croire, car elle
savait que Henri IV était incapable d'agir, au détriment de
son jeune filleul, en revenant sur un bienfait dont il l'avait
honoré. Aussi, sa réponse au monarque fut-elle assurément
celle d'une mère confiante en sa justice. C'est bien là ce qui
semble ressortir d'un passage de la lettre adressée à
Henri IV par Emery de Barrault, le 18 juillet 1594 [2].

« Sire, écrivait, de La Rochelle, cet envoyé, suivant le
» commandement qu'il a pleu à Votre Majesté me donner de
» venir en ceste ville vers *Mme de Chastillon*, je m'y suis ache-

1. Le maréchal de Biron, son père, était mort le 26 juillet 1592.
2. Bibl. nat., mss. f. fr., vol. 23,194, f° 228.

» miné, le plus tost que j'ay peu, luy ayant donné la lettre
» de Vostredite Majesté, et faict entendre ce que m'avez
» commandé, à quoi elle vous faict responce, m'ayant dict
» oultre cela, *estre bien certaine de l'intention de Vostre-*
» *dicte Majesté*, à laquelle M. le mareschal de Biron
» fera entendre les particularitez de cest affaire, luy en
» ayant escript bien au long. Pour moy je vous suplie très
» humblement, sire, me tenir toujours pour celuy de vos
» très humbles subjects et serviteurs qui désire plus con-
» tinuer et tesmoigner à Vostre Majesté son service et
» fidélité ! »

Que dit et que fit depuis lors le maréchal de Biron?
c'est ce qu'il est à peu près impossible de déterminer.

Il n'en est pas moins vrai que Mme de Chastillon avait
tout à redouter pour son fils des procédés du maréchal et
des tentatives qui, à son instigation, pourraient être faites
auprès d'elle, afin qu'elle se prêtât à certaines combinai-
sons devant assurer à autrui la transmission de la charge
d'amiral de Guyenne.

En conséquence, elle jugea prudent de quitter La Rochelle,
et de se tenir, ainsi que ses enfants, à l'écart, dans le château de Châtillon, qu'elle considérait comme une retraite à
peu près inaccessible à divers personnages de la cour,
qui, si elle se fût trouvé ailleurs qu'en Gâtinais, eussent
pu tenter de la circonvenir.

CHAPITRE IV

A peine s'était-elle réinstallée dans cette retraite que sa belle-sœur, Louise de Coligny, princesse d'Orange, qui, avec deux de ses belles-filles, Élisabeth et Charlotte-Brabantine de Nassau, venait d'arriver à Paris, l'invita à s'y rendre, pour régler à l'amiable quelques affaires de famille [1]. Elle déclina l'invitation de la princesse, et la pria

---

1. « Je n'ay voulu laisser de vous escrire ce mot pour vous faire » scavoir de ma santé et de celle de mes filles. Je suis arrivée en ceste » ville (Paris) le 28 du passé, où j'attends Mme de Chastillon, ma belle- » sœur, pour commencer de besoigner en nos affaires... Lorsque vous » me voudrez escrire, je suis logée chez M. Barat, en la rue Saint- » Thomas-du-Louvre. Vostre bien affectionnée et fort fidèle amye, » LOUISE DE COLIGNY. » (Lettre à Barnevelt du 14 juillet 1594. — Archives de la maison d'Orange-Nassau, n° 2,247a; — Archives générales du royaume de Hollande, recueil manuscrit intitulé : *Brieven van vorsten, Regerings personen, an andere stukken.*)

de vouloir bien, au contraire, se rendre à Châtillon, au sujet du règlement dont il s'agissait.

Ph. de Mornay, qui entretenait avec les deux belles-sœurs des rapports suivis, révélait, en ces termes, à son ami de Buzanval, alors ambassadeur de France dans les provinces unies des Pays-Bas, le sérieux motif qui avait dicté la réponse de Marguerite d'Ailly à Louise de Coligny [1] :

« J'ai eu plusieurs lettres de Mme la princesse d'Orange,
» et lui ai écrit plusieurs fois. Elle me fait cet honneur de
» désirer que je la voie, je n'en perdrai pas l'occasion, si je
» puis, et pour le public, et pour le particulier ; mais elle est
» encore incertaine où elle eslira son séjour, pour faire ses
» affaires avec Mme de Chastillon, laquelle ne veut appro-
» cher, ni de la court, ni de Paris, craignant d'être
» importunée pour se dessaisir de l'amirauté de Guienne,
» que le roi a promise à M. le mareschal de Biron. Et, de
» fait, elle a proposé à madame la princesse de se voir en
» cette ville, ce qui nous viendroit à souhait ; mais il sera dif-
» ficile parce que madame la princesse me mande qu'elle ne
» peult mener mesdemoiselles ses belles-filles si loing ; que
» Mgr de Montpensier l'a priée de les lui laisser voir le
» plus longtemps qu'il se pourroit ; et d'ailleurs ne les
» voudroit aussy laisser seules et loing d'elle. J'estime
» qu'enfin elles se résouldront de s'entrevoir à Chas-
» tillon [2]. »

---

1. Lettre du 9 août 1594. (*Mémoires de Ph. de Mornay*, édit. de 1824, t. VI, p. 86.)

2. « Je m'en dois aller dans peu de jours à Chastillon pour achever » mes affaires avec Mme de Chastillon et mon frère. » (Lettre de Louise de Coligny à Maurice de Nassau du 4 octobre 1594. Archives de la maison d'Orange-Nassau, n° 2,247.) — Lettres de Ph. de Mornay à de Buzanval des 28 septembre et 8 novembre 1594. (*Mémoires de Ph. de Mornay*, édit. de 1824, t. VI, p. 90 et 101.)

Ce fut là, en effet, qu'ultérieurement les deux belles-sœurs se revirent, et qu'elles arrêtèrent, de commun accord, le règlement de leurs droits respectifs[1].

Durant le séjour de Louise de Coligny à Châtillon, Henri, dont le cœur, comme celui de son père, était largement ouvert aux affections de famille, apprit à connaître et à aimer cette tante, que de graves circonstances avaient, pendant onze années consécutives, tenue éloignée de la France. La supériorité de son esprit, la distinction de son langage, l'affabilité de ses manières, et surtout son exquise bonté, l'attachèrent promptement à elle.

Maintes fois elle lui parla du fils qu'elle avait dû, par abnégation maternelle, laisser en Hollande, de cet Henri-Frédéric de Nassau, qu'elle chérissait[2]. Il se rapprochait, disait-elle, de lui par son âge, par son caractère, par son affection filiale, par ses aspirations; aussi ne doutait-elle pas que les deux cousins, dès qu'il pourraient se voir, ne se convinssent entièrement, et qu'une franche intimité ne s'établît entre eux.

Cette perspective, qui ne souriait pas moins à la tante qu'au neveu, se transforma, à trois ans de là, en une touchante réalité, que fera ressortir la suite de ce récit.

Tandis, qu'à Châtillon, la princesse d'Orange s'entretenait avec son neveu de Henri-Frédéric, celui-ci, de son

1. Voir *Appendice*, n° 7, le texte d'un acte authentique du 24 janvier 1595.

2. Veillant de loin sur lui, elle écrivait à Barnevelt : « Je vous re-
» commande toujours mon fils, bien que je sçay estre superflu, puisque
» m'avez tousjours monstré tant d'amitié, que j'ay assez d'asseurance de
» combien vous estes affectionné à tout ce qui me touche; de quoy je
» n'ignore l'obligation que j'en ay, qui ne sera mise en oubli. Depuis
» que je suis en ce pays, je n'ay encores eu qu'une fois lettres de mon
» fils. » (Lettre du 14 juillet 1594. Archives de la maison d'Orange-
» Nassau, n° 2,247ᵃ, et Archives générales du royaume de Hollande,
recueil manuscrit intitulé : *Brieven van vorsten, Regerings personen*, etc.

côté, suivant, à l'université de Leyde, le cours de ses études, sous la direction du célèbre Scaliger [1], exprimait à son parent Damville, connétable de France [2], le vif désir de venir dans ce beau pays, qui était celui de sa mère et de son aïeul, l'amiral. Il lui écrivait [3] :

« Monsieur, je sens bien que je vous suis fort obligé, car » madame ma mère m'a témoigné que vous me faictes cest » honneur de me vouloir beaucoup de bien. Sy j'en suis, dès » ceste heure, aussy digne comme je souhaite de vous en » pouvoir faire, un jour, reconnaissance par quelques bons » services, l'âge n'auroit à accroistre en moy rien de ce qui » vous y est acquis, comme j'espère qu'il se fera, Dieu » aidant. Il me tarde infiniment que je sois plus grand et » que j'aille voir la France ; ce que je désire particulière-» ment pour vous prouver par effect, et de plus près, avec » quelle dévotion je veulx demeurer, toute ma vie, monsieur, » vostre très humble cousin et serviteur. »

Le langage de Henri-Frédéric concordait avec celui qu'avait antérieurement tenu sa mère, dans une lettre adressée, de La Haye, à Damville [4] : « Je vous supplieray, lui » disait-elle, accorder créance à M. de Buzanval, en l'asseu-» rance qu'il m'a promis vous donner de mon immuable » affection, et de la nourriture que je vous fais d'un petit » parent et serviteur que je désire bien rendre capable de

1. Il existe une charmante lettre de Louise de Coligny à Scaliger du 9 janvier 1593. (*Overgedrukt nit de nederlansche spectator*, 1571.)

2. « Le roi avoit fait connestable de France Henry de Montmorency, » gouverneur de Languedoc, plustost pour le retirer de là, où il prenoit » trop d'autorité, que pour s'en servir près de luy. » (*Mémoires de Ph. de Mornay*, édit. de 1824, t. VII, p. 199.) — L'excès d'autorité dont il est ainsi parlé avait valu à Damville, de la part de ses contemporains, le surnom de *roi du Languedoc*.

3. Bibl. nat., mss. f. fr., vol. 3,582, f° 86.

4. Bibl. nat., mss. f. fr., vol. 3,832, f° 93.

» vous faire, un jour, autant de services comme je lui en
» imprime de voulonté dans l'âme. Croyez que c'est un de
» mes plus affectionnés souhaits. »

Ajoutons qu'à la sollicitude de Louise de Coligny pour
le développement moral et intellectuel de son fils s'alliait
celle de Ph. de Mornay qui, en digne ami de la princesse,
dont il connaissait le noble cœur, adressait directement à
Henri-Frédéric ces lignes mémorables[1] :

« Peu de grands, en la chrestienté, se peuvent vanter de
» tels titres que vous ; issu de ces deux héros que Dieu a
» suscités, en nos jours, pour la défense de son église, en
» France et aux Pays-Bas. Je vous vois, et ce vous soit
» augure, succéder à cette bénédiction, et me promets que
» ce qui a esté commencé en eux et par eux sera, un jour,
» continué, à bon escient, et avancé par vous. Proposez-
» vous donc, dès votre entrée, ce bel exemple, et vous
» mirez, tous les jours, en ces grands hommes-là. En leurs
» vies vous formerez la vostre à piété, à prudence, à
» justice ; en leurs travaux goûterez plus de plaisir, en leur
» mort même plus d'honneur qu'és délices et vanités de
» plusieurs autres ! Je prie Dieu, de tout mon cœur, qu'il
» vous bénisse et m'exauce. Vostre très affectionné, héré-
» ditaire serviteur. »

Oui, précieuse hérédité à recueillir par le jeune prince
dont l'excellent Ph. de Mornay avait tant aimé l'aïeul et le
père, et dont il aimait tant la mère ! Ses paroles allèrent
droit au cœur de celle-ci.

A entendre le Français d'élite qui lui adressait de telles
paroles, Henri Frédéric sentit s'accroître en lui le désir de
voir de près cet ami vénérable et la patrie au service
laquelle il avait consacré sa vie.

---

1. *Mémoires de Ph. de Mornay*, édit. in-4°, t. II, p. 378. Lettre du
19 décembre 1593.

Plus favorisées par les circonstances que *le petit frère*[1], dans la réalisation du désir de connaître la France, Élisabeth et Charlotte-Brabantine de Nassau jouissaient alors, sous le patronage de Louise de Coligny, du charme d'un accueil, à tous égards, excellent, au sein de ce pays de France qui, tout nouveau pour elles, était destiné, sans qu'elles s'en doutassent, à devenir prochainement leur seconde patrie.

La princesse, en mère clairvoyante de deux filles admirées de chacun, dans le gracieux épanouissement de leur jeunesse, et surtout de leurs attrayantes qualités, pressentait en secret que l'une et l'autre, élevées par elle comme elles l'avaient été, deviendraient Françaises. Elle ne tarda pas à voir ses prévisions se réaliser, quant à l'une d'elles, le jour où se décida la question du mariage d'Élisabeth avec le duc de Bouillon[2].

Charlotte-Brabantine était trop jeune alors pour qu'une question de même nature s'élevât, en ce qui la concernait, avec la perspective d'une solution prochaine, ainsi que la princesse d'Orange le faisait sentir à Maurice de Nassau, en ces quelques mots[3] : « Votre sœur Brabantine est aussi » recherchée par M. de Rohan, et la mère le désire fort; » mais l'âge de l'une et de l'autre me donnera bien le » loysir de la ramener encore avec moy. »

1. Telle était alors la qualification attribuée à Henri-Frédéric par les divers membres de sa famille.

2. Voir à l'*Appendice*, n° 8, des fragments d'une correspondance relative à ce mariage. Le contrat de mariage d'Élisabeth de Nassau fut dressé et signé à Sedan le 11 février 1595. Une expédition de cet acte authentique est conservée aux archives de la maison d'Orange-Nassau, n° 2,205. La célébration du mariage eut lieu le 16 février 1595. (Voir au § 4 du n° 8 de l'*Appendice* la lettre de Louise de Coligny au comte Guillaume de Nassau, qui précise cette date.)

3. Lettre du 4 octobre 1594. (Archives de la maison d'Orange-Nassau, n° 2,247.)

On verra plus loin comment, de même qu'Élisabeth, Charlotte-Brabantine devint, à son tour, Française et duchesse, en réalisant cette prédiction, si gracieusement exprimée par Anne d'Allègre, comtesse de Laval[1] : « Ma» dame vostre sœur (la duchesse de Bouillon) vous rendra » ce mesme office de vous amener un de ces jours en » vostre mesnage, comme vous la laissez au sien. »

Les préoccupations maternelles de Louise de Coligny n'infirmaient d'ailleurs en rien sa sollicitude pour Marguerite d'Ailly et ses enfants. Loin de là : cette sollicitude incessante était celle d'une sœur et d'une tante dévouée. Confidente des appréhensions de la mère, au sujet de son fils aîné, à propos de l'amirauté de Guyenne, la princesse d'Orange contribua à les calmer, non seulement par ses paroles, mais plus encore, probablement, par son intervention directe auprès de Henri IV, sur l'esprit duquel elle exerçait une salutaire influence, à titre de judicieuse et fidèle conseillère, d'autant mieux écoutée par le monarque, qu'elle était pour lui une amie d'enfance[2].

Vint le jour où les appréhensions de Marguerite d'Ailly cessèrent.

Henri de Coligny resta si bien en possession de sa charge d'amiral, que Ph. de Mornay mandait, le 12 août 1595, au

1. Lettre du 20 mars 1596. — Je dois à la parfaite obligeance *de M. le duc de La Trémoïlle* la communication tant de cette lettre que de plusieurs autres documents d'une rare importance, faisant partie de ses riches archives, dont il a bien voulu m'ouvrir l'accès avec le sympathique empressement qui caractérise, au plus haut degré, un judicieux et généreux ami des travaux historiques.

2. « La fille de feu M. l'admiral de Chastillon a esté, dans le com» mencement de son âge, nourrie avec la feue royne, ma mère, aussi » chèrement que ma sœur et moi, qui estions ensemble. » *Lettres missives de Henri IV*, t. IX, p. 660. Lettre du 26 avril 1589 au comte de Nassau.)

maréchal d'Aumont [1] : « Je recognois fort nécessaire le
» secours de Rhedon, car si (cette ville) périt sitost après
» sa réduction, c'est un mauvais exemple à ceulx qui
» avoient pareille volonté. Je l'ay représenté au roy et pressé
» Sa Majesté de mander à M⁺ de Montpensier qu'il s'ache-
» mine à vostre secours, si vos affaires de Normandie le
» peuvent souffrir; aussi d'escrire à MM. de Boisdaulphin
» et de Belle-Isle que, pour tesmoigner leur service, ils se
» déclarent en une si signalée occasion. J'ai écrit aussi à
» messieurs de La Rochelle et à *M. de Chastillon*, amiral de
» Guyenne, pour armer nombre de vaisseaux qui incom-
» modent l'embouchure de Rhedon, et y ai desparti ung
» des miens qui les y encouragera de bouche. Il ne sera
» mal à propos que m'envoyés aussi des lettres pour eux. »

La situation officielle du jeune amiral, grâce au concours
que des hommes expérimentés lui prêtaient dans l'exercice
de sa charge [2], se conciliait, sous la sage direction de sa
mère, avec le développement de son éducation morale et
religieuse, et avec celui de son instruction proprement dite.

Tout en s'accomplissant sous de favorables auspices, ce
développement n'en laissait pas moins percer, chez Henri
de Coligny, dès l'âge de treize ans, une vocation décidée
pour la carrière des armes. N'était-il pas un vrai Chastillon?
Dès lors, quoi de plus naturel pour lui que d'aspirer ardemment à marcher sur les glorieuses traces de son père
et de son aïeul?

Écoutons-le, s'adressant à Damville, dans une lettre du
15 août 1596; son langage est celui d'un futur héros [3] :

« Monseigneur, écrivait-il de La Rochelle, j'espère que

1. *Mémoires de Ph. de Mornay*, édit. de 1824, t. VI, p. 346.
2. Il en était de même quant à l'exercice de la charge de gouverneur
de Montpellier.
3. Bibl. nat., mss. f. fr., vol. 3,587, f° 27.

» ma mère se résouldra, par le retour de son secrétaire, de
» ce qu'elle aura à faire de moy. Elle escrit au roy et à
» vous, pour recevoir ses commandemens et les vostres sur
» ce que je doibs faire, ou d'aller droict à la court, ou à
» l'académie. Je vous supplie très humblement, monsei-
» gneur, de faire que j'aille à la court, car je ne desire rien
» tant que de me trouver là où sera l'armée ; d'autant qu'il
» me semble que j'ay déjà assez de force pour donner un
» coup d'espée pour vostre service. Je me résouds bien,
» sitost que je serai là, d'estre auprès de vous, car je veulx
» demeurer toujours vostre soldat et vostre serviteur, toute
» ma vie. Ma mère m'a dict combien vous l'aviez obligée
» dernièrement, en la poursuite de ses affaires, en court ; le
» bienfait que nous en avons reçeu sera emploié pour vostre
» service ; ne desirant rien tant que de demeurer pour ja-
» mais, monseigneur, vostre très humble et très obéissant
» cousin et serviteur. »

Trois mois plus tard, Marguerite d'Ailly était encore à La
Rochelle, et y faisait acte de Française dévouée, tant aux
intérêts maritimes de cette importante cité, qu'aux intérêts
supérieurs de la patrie, en favorisant l'expédition de deux
navires armés en guerre, *la Marguerite* et *la Marie*, dont
elle avait ménagé la propriété à ses enfants.

Un acte formel, conservé jusqu'à ce jour, établit la nature
de l'opération dont il s'agissait alors, et relate les conventions qui en précédèrent la mise à exécution[1]. Il y est dit
expressément : « que les chefs et conducteurs des deux
» vesseaulx *la Marguerite* et *la Marie* promettaient à
» Mme de Chastillon, pour eulx et leurs équipages, faire
» voille au premier beau temps, et les mener et conduyre en

---

1. Voir à l'*Appendice*, n° 9, l'acte du 12 novembre 1596. — Je dois
à l'obligeance, déjà signalée de l'honorable M. Meschinet de Richmond,
la communication de cet acte dont la minute existe à La Rochelle.

» mer vers la coste d'Espagne et ailleurs où ilz verroient
» faire leur profit, et des advitailleurs de iceulx, en la ville
» de La Rochelle, et non ailleurs ; le tout, sauf les périls et
» dangers de la mer. »

Tandis qu'une mère telle que Mme de Chastillon, entourée
du respect et de la sympathie de tous, consolidait par son
concours personnel la situation de son fils, dans l'exercice
de la charge d'amiral, une autre mère, également veuve,
celle du prince de Condé, voyait son fils, encore enfant,
investi par le roi, dans des vues purement politiques, du
titre de gouverneur de la Guyenne[1]. Or il y avait loin du
caractère et des antécédents de Charlotte-Catherine de la
Trémoïlle, aux vertus et à la noble existence de Marguerite
d'Ailly. Aussi, avec le judicieux et ferme appui prêté par
celle-ci à Henri de Coligny, dans l'accomplissement de ses
devoirs officiels, devait contraster l'absence de tout concours efficace, de la part de celle-là, à la gestion du jeune
gouverneur. Ce fut, en effet, ce qui eut lieu ; car la princesse de Condé, tant que dura la minorité de son fils, ne
s'occupa guère, à propos de la charge dont il était pourvu,
que du soin d'encaisser pour lui les émoluments affectés à
son titre de gouverneur[2].

1. « Nous, Charlotte-Catherine de La Tremoïlle, princesse de Condé,
» comtesse de Taillebourg, tutrice naturelle et légitime de nostre très
» cher et très aimé fils unique, messire Henri de Bourbon, premier
» prince du sang et premier pair de France, gouverneur et lieutenant
» général pour le roy, mon seigneur, en son païs et duché de Guienne,
» confessons avoir reçu de M. le duc de Montmorency, pair et connes-
» table de France, nostre oncle, *les provisions dudict gouvernement de*
» *Guienne*, qu'il a pleu à Sa Majesté octroyer à mondit sieur le prince,
» nostredict fils. — Faict à Rouen le 20 janvier 1597. Ↄ C. DE LA TRE-
» MOÏLLE. — Pour madite dame la princesse, Guillemignet. » (Bibl. nat.,
mss. f. fr., vol. 3,570.)

2. La preuve en est, notamment, à cinq ans de distance de la promotion du jeune Condé au gouvernement de la Guyenne, dans la teneur

Cependant, qu'avait décidé Mme de Chastillon sur ce qui constituait l'objet de la lettre adressée par son fils au connétable, le 15 août 1596? C'est ce que rien ne fait connaître.

Quel que soit, au surplus, du chemin de la cour ou du chemin de l'académie, celui que Henri de Coligny ait pris, à cette époque, toujours est-il que, par l'expansion de son cœur, la vivacité de son intelligence et la droiture de son caractère, il se concilia de plus en plus l'estime et l'affection de tous, particulièrement celle de Ph. de Mornay, de sa femme, et de Mme de Rohan.

Les fils de ces hauts personnages devinrent ses amis.

Peu s'en fallut même qu'un lien de fraternité ne l'attachât au jeune Philippe Mornay de Bauves, si celui-ci eût, comme le proposait Mme de Rohan, épousé la fille de Marguerite d'Ailly. Des démarches faites, à cet égard, par la judicieuse amie des deux familles, avaient été bien accueillies, ainsi que le déclarait Mme de Mornay, en ces termes[1] : « Il nous fut faict ouverture par Mme de Rohan du mariage » de nostre fils avec la fille de feu M. de Chastillon, fils du » feu admiral de Coligny, laquelle en escrivit à Mme de » Chastillon, sa mère, comme d'elle-même, et en eut favo- » rable réponse. » On ignore quelles furent les circonstances qui neutralisèrent la portée de ces démarches. L'insuccès du projet d'alliance conçu par Mme de Rohan n'infirma d'ail-

de la quittance suivante, délivrée par sa mère le 16 février 1602 : — « Nous, Charlotte-Catherine de La Tremoïlle, princesse douairière de » Condé, tutrice naturelle de M. le prince de Condé, nostre fils, con- » fessons avoir reçu de M. B. Boucher, trésorier de l'épargne, la somme » de deux mille escuz sol..., ladite somme ordonnée par Sa Majesté » estre mise en nos mains pour l'estat et appointement de la charge de » nostredit fils le prince de Condé, de gouverneur, pour ladite Majesté, » au gouvernement de Guienne durant la présente année 1602. Ɔ C. DE » LA TREMOÏLLE. » (Bibl. nat., mss., recueil intitulé *Pièces originales*, vol. 459, f° 16.)

1. *Mémoires de Ph. de Mornay*, édit. de 1824, t. I, p. 311.

leurs, en quoi que ce fût, les relations établies, soit entre les parents, soit entre les enfants.

Ph. de Mornay avait si bien placé Henri de Coligny au nombre des jeunes gens avec lesquels il aimait à voir son fils et son neveu entretenir de fréquentes relations, qu'une fois, il écrivait à sa femme [1] : « Nostre fils et nostre neveu » hanteront MM. le comte Henri de Rohan et de Chas- » tillon ; » et, une autre fois [2] : « Je doute que nostre fils » puisse gagner le petit voyage, que tu m'escris, vers » Mme de Chastillon ; mais je lui ai fait souvent visiter mon- » sieur son fils. »

Henri de Coligny, qui vénérait et chérissait en Ph. de Mornay, l'un des plus fidèles amis de François de Chastillon, saisit avec ardeur, en 1597, l'occasion inopinée de lui prouver, d'une manière toute spéciale, son dévouement et son affection.

Qui ne connaît l'odieux et lâche attentat commis à Angers, le 28 octobre 1597, par Saint-Phal, sur la personne de Ph. de Mornay, l'indignation qu'il souleva, et la chaleureuse sympathie qu'il fit éclater en faveur de la victime ? Henri de Coligny et sa mère furent, en cette douloureuse conjoncture, ce qu'ils devaient être.

Mme de Mornay l'atteste dans ces quelques lignes [3] détachées d'un récit émouvant :

« A l'occasion de cest attentat, recognut M. Duplessis » beaucoup de bons amis, la pluspart des grantz et des » gens d'honneur qui se trouvoient près Sa Majesté, esmeuz » de l'indignité de l'acte ; Messieurs de la court de parlement » montrèrent aussy de desirer que le criminel leur feust mis » en main, pour en faire un exemple... Messieurs de l'as-

1. *Mémoires de Ph. de Mornay*, édit. de 1824, t. VIII, p. 249.
2. *Mémoires de Ph. de Mornay*, édit. de 1824, t. IX, p. 252.
3. *Mémoires de Ph. de Mornay*, édit. de 1824, t. I, p. 320.

» semblée de Chastellerault, tant en corps, que chacun
» pour sa province, envoièrent le sieur de Cases exprès
» pour s'en condouloir avec luy et luy offrir tout ce qui
» dépendait d'eulx et de leurs provinces, mesme de dépes-
» cher personnaiges notables d'entre eulx vers le roy, pour
» en faire leur faict propre... Les principales villes et esglizes
» de la religion firent de mesme, particulièrement *messieurs*
» *de La Rochelle*, luy faisant offre de faire sortir nombre de
» leurs bourgeois, avec artillerie et munitions, pour l'as-
» sister en ce qu'il vouldroit entreprendre. M. le duc de
» Bouillon, mareschal de France, et M. de la Trimoïlle,
» qui en parloit avec l'honneur de le tenir pour parent,
» l'obligèrent aussy fort par offre de leurs personnes et de
» leurs amys, mesmes des forces qu'ils avoient en cam-
» paigne. *M. de Chastillon* pareillement, tout jeune que
» lors il estoit, dont l'obligation est due à madame sa mère;
» mais MM. de Rohan et de Soubize non moins, etc., etc. »

Vers la fin de l'année 1597, le moment approchait où
Henri de Coligny, heureux déjà des relations qu'avaient
nonées avec lui divers jeunes gens de haute distinction,
allait voir se réaliser l'un de ses plus chers désirs, celui de
pouvoir enfin lier directement connaissance avec son cousin
Henri-Frédéric. La mère de celui-ci se disposait à le conduire en France, dans des circonstance de famille auxquelles Henri de Coligny, par devoir, comme par affection,
ne pouvait manquer de se trouver personnellement mêlé.

CHAPITRE V

Une grave question, celle de l'union de Charlotte-Brabantine de Nassau avec Claude de La Trémoïlle, duc de Thouars [1], parent de Henri de Coligny, venait d'être résolue, en Hollande, sous les auspices de la princesse d'Orange, prête désormais à amener en France la jeune fiancée et à tout disposer pour la célébration de son mariage.

Une lettre de cette maternelle protectrice à son beau-frère, le comte Jean de Nassau, en date du 27 octobre 1597 [2], précisait le but du voyage qu'elle s'était décidée à entreprendre pour accomplir son affectueuse mission :

« Monsieur mon frère, disait-elle, vous avez déjà entendu
» par les lettres de M. de Bouillon la résolution de M. de La
» Trimouille en la recherche de ma fille, Mlle de Nassau.
» Depuis, il a envoyé icy un gentilhomme pour la demander
» à monsieur le prince, mon beau-fils, à messieurs les

---

1. « La Trimouille étoit jeune, brave, ferme, hardi, franc, généreux;
» puissant dans le Poitou et traînant après lui une grande suite de
» noblesse. » (E. Benoît, *Histoire de l'Édit de Nantes*, t. I, p. 121). Voir,
en outre, *Appendice*, n° 10.

2. Archives de la maison d'Orange-Nassau, n° 2,209.

» estats et à moy. Le parti a ésté trouvé si advantageux
» pour elle, et si honorable pour toute ceste mayson, que
» nous avons estimé que ce seroit chose que vous, monsieur
» mon frère, et tous ceulx auxquels elle a l'honneur d'ap-
» partenir trouveriez bon et l'approuveriez. C'est pourquoi
» nous avons fait responce à M. de La Trimouille, lequel,
» pour plusieurs bons respects, ne peut, à ceste heure,
» abandonner la France et mesme le pays de Poitou, où est
» le principal de son bien et où ceulx de la religion sont
» principalement establis; nous luy avons dit et mandé que,
» dans peu de temps, je ferois un voyage en France et mey-
» nerois ma fille, pour là, avec l'aide de Dieu, solemniser
» le mariage. A ceste heure donc, monsieur mon frère,
» messieurs les estats et monsieur le prince, mon beau-fils,
» trouvent bon que, devant que l'hyver s'avance davantage,
» je fasse mon voyage, et estant venue jusqu'en ce lieu
» (Usdenzeel) pour dire adieu à monsieur mon beau-fils, j'ay
» prié M. le comte Guillaume, mon neveu, de vous faire
» tenir ceste lettre, pour vous avertir de nostre voyage, m'as-
» seurant, monsieur mon frère, que vous l'aurez agréable,
» puisque je l'entreprends pour le bien de ceste mayson.
» Monsieur mon beau-fils trouve bon, comme j'espère que
» feront aussi messieurs les estats, que je meyne mon fils,
» votre petit-neveu, espérant que ce voyage ne peut que luy
» servir pour le rendre tousjours plus capable de faire service
» à cest estat et à tous ceulx auxquels il a l'honneur d'appar-
» tenir, et à vous particulièrement, monsieur mon frère,
» vous supplyant le vouloir tousjours tenir en vostre bonne
» grâce, et moy aussy. »

Le *petit frère* venait, en 1597, de faire sa première campagne, aux côtés de Maurice, son aîné[1]; et, dans l'élan de

1. Commelyn, *Histoire de la vie et actes mémorables de Frédéric-
Henry de Nassau*, Amsterdam, 1656, 1 vol. in-f°, 1ʳᵉ partie, p. 3.

l'ardeur guerrière, il avait écrit à sa sœur, Charlotte-Brabantine, alors qu'il était encore séparé d'elle[1] :

« Madame, car vous la serés bientost, je ne say comment
» vous remercier de ceste belle écharpe que m'avés envoiée.
» Si j'en ay de plus belles, je n'en ay pas que j'ayme tant :
» quand je retourneray, je la raporteray toute gastée du
» sang des Espagnols. Si nous eussions prins la ville de
» force, je vous eusse envoié force butin. Peut-être que, si
» nous prenons encore des villes, je vous en aporteray. Tous
» mes cousins vous baisent les mains, et moy aussy, et
» vous prie d'aimer toujours vostre bien humble frère et
» serviteur. »

Lorsque le fils de Louise de Coligny se retrouva sous le toit maternel, les états généraux l'autorisèrent à accompagner la princesse et sa belle-fille, et à rester absent du territoire des Provinces-Unies pendant une année.

La joie du *petit frère* fut des plus vives. A peine en vit-on l'expansion modérée par la précision avec laquelle les états avaient fixé la durée de son séjour en pays étranger. Leur concession, sur ce point, était, du reste, assez large.

Quant à Maurice de Nassau, nulle possibilité d'absence. Retenu par d'impérieux devoirs sur le sol des Provinces-Unies, et dès lors privé de la satisfaction d'assister sa sœur aux préliminaires et à la célébration du mariage, il avait, le 23 octobre 1597, délégué l'exercice de ses prérogatives de chef de famille à sa belle-mère, dans des termes, à la fidèle reproduction desquels s'attache un intérêt d'autant plus réel, qu'ils honorent à la fois, et lui et la femme émi-

---

1. Lettre écrite vers le 20 septembre 1597, signée, comme le furent ultérieurement beaucoup d'autres, non pas *Henry-Frédéric*, mais simplement *Henry de Nassau*, et portant pour suscription ces mots, dénotant une plaisanterie juvénile : « *A Madamoiselle de Nassau, à Madame la* » *duchesse.* » (Archives de M. le duc de La Trémoille.)

nente en qui se personnifiaient, au plus haut degré, la tendresse, la vigilance et le dévouement de la mère chrétienne[1].

Maurice approuvait si cordialement le mariage de Charlotte-Brabantine, que, peu de temps avant qu'elle partît pour la France, il lui avait écrit[2] : « Il me semble que vous » ne devez refuser en aucune façon ce mariage. Je vous le » conseille comme celui qui vous aime plus que personne » de ce monde, encore que je sache bien que cela vous » ravira de ce païs : qui me sera un très grand regret. » Adieu, ma belle Brabantine, je suis vostre bien humble » frère, à vous faire service. »

Au moment du départ, il avait ajouté[3] : « J'espérois » d'estre si heureux de vous voir, devant vostre partement ; » mais, puisque M. de Bouillon haste tant vostre voïage, et » que je m'esloigne de vous, je crains que serai contraint » de vous dire adieu par ce mot. Je vous prie donc, ma » belle Brabantine, de m'aimer tousjours, comme vous avez » fait ; et encore que je soye loing, ou près de vous, jamais » vous ne sortirez de mon esprit, car personne ne vous hono- » rera jamais tant que vostre humble frère, à vous faire » service. »

Les états généraux annoncèrent au duc de La Trémoïlle le prochain départ de la princesse d'Orange et de ses enfants, en ces termes, empreints d'une sérieuse sympathie[4] : « Monsieur, nous avons pris un singulier plaisir de » ce qu'il vous a plû nous tesmoigner, par le contenu de » vos lettres, la continuation de vostre bonne affection

1. Voir *Appendice*, n° 11.
2. Archives de M. le duc de La Trémoïlle.
3. Archives de M. le duc de La Trémoïlle.
4. Lettre du 20 décembre 1597. (Archives de M. le duc de La Trémoïlle.)

» envers cest Estat, de laquelle vous remercions bien fort,
» nous confiant qu'elle s'accroistra de plus en plus, journel-
» lement, à l'occasion mesmes de vostre alliance avec
» Mlle de Nassau, que nous prions Dieu de faire réussir, à
» sa gloire et à vostre contentement. Et à ceste fin, comme
» ladicte demoyselle, heureusement en bonne santé, va,
» avec Mme la princesse d'Orange, sa belle-mère, et M. le
» comte Henry, son frère, auprès de vous, croyés, mon-
» sieur, qu'apporterons tousjours, de nostre part, tout ce
» qui pourra servir à vous faire voir de mesme combien nous
» aggréons ladicte alliance et désirons vous complaire. »

Le 18 décembre 1597, Henri-Frédéric prit officiellement congé des états généraux des Provinces-Unies [1], et, bientôt après eut lieu son départ.

Sa mère, Charlotte-Brabantine et lui débarquèrent, en janvier 1598, à Dieppe, où les avait conduits une escadre mise à leur disposition par les états généraux.

De Dieppe ils se rendirent à Paris.

Le lendemain de leur arrivée, ils y reçurent la visite de Gilles de Bourron, secrétaire de Claude de La Trémoïlle, qui aussitôt manda au duc [2] :

« Monseigneur, hier au soir arriva icy Mme la princesse
» d'Orange, environ cinq heures. Elle fut au Louvre. Le
» roy lui dit qu'elle allast voir Madame (sa sœur), où il la
» fut trouver. Ce ne fut sans parler de vous et de vostre
» mariage... Elle retourna à son logis, dont elle n'a bougé,

---

1. Collection des *Résolutions* des états généraux des provinces unies des Pays-Bas, séance du 18 décembre 1597 (Archives générales du royaume de Hollande). — « Mme la princesse douairière d'Orange s'en » va maintenant en France, avec le jeune prince Henri-Frédéric, son » fils, pour honorer les amenances de Mlle Charlotte-Brabantine, que » nous avons vue promise au duc de La Trimouille. » (Lapise, *Histoire de la principauté d'Orange*, p. 657.)

2. Lettre du 27 janvier 1598. (Archives de M. le duc de La Trémoïlle.)

» tout ce jour, ayant, toute la journée, esté empeschée à un
» nombre infiny de visites. J'ay parlé à elle, à son lever,
» pour recevoir ses commandemens... Elle s'instruira des
» choses qui se passent, qui sera pour sçavoir le lieu où
» vous désirés qu'elle vous vienne trouver. Elle a quelque
» opinion que vous envoirés vers elle, sans attendre plus
» amplement de ses nouvelles. Monsieur son fils est avec
» elle. Il est aussy grand que *M. de Chastillon.* Quant à
» Mlle de Nassau, elle se porte très bien. Je prie Dieu que
» ainsy soit de vous.. Pardonnés-moy, monseigneur, sy je
» m'avantage de vous dire que je croy que vous serez
» extrêmement content de vostre bonne fortune; et vous
» puis dire avec vérité que le pourtraict que l'on vous a
» envoyé est fort eslongné de représenter la beauté qui est
» en ceste princesse. »

Louise de Coligny et ses enfants reçurent du roi un bienveillant accueil, dont, surtout en ce qui concernait Henri-
Frédéric, la princesse fit part à Barnevelt, en lui disant[1] :

« Je ne vous puis représenter l'honneur et la bonne chère
» que mon fils a receu de Sa Majesté, et combien le roy a
» recongneu, par la permission que messieurs les estats luy
» ont donnée de venir icy, un particulier tesmoignage de
» leur bonne volonté et de la fiance qu'ils preignent en Sa
» Majesté, luy fiant ce qu'il voit bien qu'ils tiennent si cher
» que mon fils. Aussy Sa Majesté m'a-t-elle très expressé-
» ment commandé de le luy remeyner, incontinent que sa
» sœur sera maryée, et que, puisque messieurs les estats le
» luy ont envoyé, qu'il veult que le temps qu'il demeurera
» en France, qu'il demeure auprès de Sa Majesté. Cela me
» touche un peu de le vouloir mener en Bretagne; toutefois

1. Lettre du 23 février 1598. (Archives de la maison d'Orange-Nassau.)
— Archives générales du royaume de Hollande. *Brieven van vorsten
Regerings personen*, etc.

» c'est avec promesse qu'il en aura soing comme de son
» fils, et qu'il ne le laissera autrement estre en danger. »

Dumaurier avait vu la princesse deux jours après celui de
la visite que Gilles de Bourron avait faite, et il s'était hâté
d'adresser à Ph. de Mornay la communication que voici[1] :

« Mme la princesse d'Orange est arrivée, qui m'a fort par-
» ticulièrement enquis de vos nouvelles, et nommément de
» l'assassinat qui a esté commis en vostre personne, duquel
» je vous jure qu'elle a ung sentiment incroyable. Elle est
» icy, attendant des nouvelles de MM. de Bouillon et de La
» Trémoïlle, pour s'acheminer incontinent par de là, avec
» Mlle d'Orange. Le roy, Mgr de Montpensier et elle, sont
» d'avis qu'ils espousent à Saumur, pour plus de bienséance
» que si on menoit Mlle de Nassau à Thouars, avant estre
» mariée. Elle m'a donné charge de vous escrire qu'elle
» se réjouit que ceste action se passe en lieu où vous com-
» mandiés. »

Mais l'*action* dont il s'agissait devait définitivement se
passer ailleurs qu'à Saumur, en d'autres termes, à Châtellerault, où se tenait alors une notable assemblée des réformés.

Le duc de La Trémoïlle en faisait partie, et attachait une
extrème importance à ce que son mariage fût célébré dans
la ville même où elle siégeait[2].

1. *Mémoires de Ph. de Mornay*, édit. de 1824, t. VII, p. 558. Lettre
du 29 janvier 1598.

2. Le duc avait placé sa demande en mariage sous le patronage de
l'assemblée. — « L'assemblée, transférée à Châtelleraud, fut plus belle
» qu'elle n'avoit jamais été, il s'y trouva un gentilhomme, un ministre,
» un homme d'affaires de chaque province, et outre cela, plusieurs sei-
» gneurs de la qualité requise par le réglement de Sainte-Foy, pour y
» assister sans députation. La Trimouille, qui avoit déjà été le plus con-
» sidérable dans les précédentes assemblées, présida dans celle-ci et y
» soutint les intérêts de la religion avec tant de zèle, que la défiance et
» la hayne que l'on avait pour lui à la cour s'en accrurent de beaucoup.»
(E. Benoit, *Histoire de l'Édit de Nantes*, t. I, p. 488.)

Gaspard de Schomberg le gourmandait de son insistance, à cet égard, avec la légèreté de propos familière aux gens de cour, en lui disant[1] : « Je crois que messieurs de l'as-» semblée vous veulent marier comme l'un de leurs pu-» pilles, ainsi que messieurs de Venize marièrent Madonna » Bianca au grand-duc, comme fille de Saint-Marc.

Inébranlable dans sa résolution, Claude de La Trémoïlle avait, pour qu'elle fût couronnée de succès, réclamé le concours toujours si bienveillant de Louise de Coligny. La princesse le lui avait accordé auprès du roi en renonçant, sur le point en question, à ses vues personnelles. Ayant dans sa démarche réussi au gré des désirs du duc, elle avait avec ses enfants pris la route de Châtellerault.

D'Orléans, où elle s'était momentanément arrêtée, elle expédia le 23 février à Barnevelt ces quelques lignes[2] : « Il » me fault aller à Chastelleraut, faire nostre mariage. J'ay » eu peine à l'obtenir du roy, et M. de La Trimouille » s'y est opiniastré. Enfin Sa Majesté me l'a accordé; mais » cela a fort attardé mon voyage. »

La princesse fut rejointe à Châtellerault par son neveu.

Le duc de La Trémoïlle s'était prévalu de ses liens de parenté avec Henri de Coligny pour qu'il l'assistât, en qualité de témoin, lors de la célébration de son mariage avec Charlotte-Brabantine de Nassau; et Henri avait répondu avec empressement à un appel que, dans sa modestie, il envisageait moins comme un témoignage d'affection qui lui fût personnel, que comme un hommage rendu à la mémoire de son père et au caractère élevé de sa mère.

Les amis de François de Chastillon et de sa veuve applaudirent au choix du duc, en appréciateurs éclairés de la di-

1. Lettre du 3 novembre 1597. (Archives de M. le duc de La Trémoïlle.)
2. Archives de la maison d'Orange-Nassau. — Archives générales du royaume de Hollande. *Brieven van vorsten Regerings personen*, etc.

gnité morale du jeune seigneur, héritier d'un grand nom,
qu'un tel choix élevait en quelque sorte au rang d'homme.

Henri de Coligny, à cette époque, qui était celle de son
adolescence, justifiait pleinement, par la noblesse de ses
sentiments, par la précoce maturité de son esprit, par la
distinction de ses manières et de son langage, les espérances
que son enfance avait fait concevoir. Dumaurier, disant
alors du fils de la princesse d'Orange qu'il venait de voir à
Paris : « M. le comte de Nassau se fait grand et agréable
« prince[1] », eût pu, s'il eût été appelé à se prononcer sur le
fils de Marguerite d'Ailly, dire, avec autant de justesse :
« M. Henri de Coligny se fait grand et agréable seigneur. »

Telle était au surplus l'opinion du roi sur ce filleul, auquel
il avait, depuis quelque temps, accordé l'accès de sa cour.

Telle était aussi, et à plus forte raison, l'opinion de la
princesse d'Orange sur Henri de Coligny.

En qualité d'incomparable mère et d'excellente tante,
toujours apte, par sa bonté et par la puissance de l'exemple,
à susciter autour d'elle de saintes affections et à resserrer
les liens de famille, elle vit avec bonheur s'établir entre son
fils et son neveu une sincère amitié, basée sur une réelle
conformité de sentiments, d'idées et d'aspirations.

Rien de plus frappant, aux yeux de toutes les personnes
qui approchaient alors les deux petits-fils de l'illustre amiral
de France, que le pieux respect de ces jeunes seigneurs
pour la grande mémoire de celui-ci, et que leur commun
désir de se montrer dignes de lui, dignes aussi, comme fils,
des deux héros dont ils étaient issus, de ce François de
Chastillon, de ce Guillaume d'Orange, qui leur avaient légué
le plus précieux des patrimoines, à savoir : la triple hérédité
de la foi, de l'honneur et du patriotisme.

1. Lettre du 29 janvier 1598 à Ph. de Mornay. (*Mémoires de Ph. de
Mornay*, édit. de 1824, t. VII, p. 558.)

En même temps, de quelle émotion n'était-on pas saisi,
à l'aspect d'une Louise de Coligny, d'une Marguerite d'Ailly,
de ces deux mères qui, dans l'austère épreuve du veuvage,
n'avaient jamais eu d'autre soin plus cher que celui de faire
revivre en leurs fils l'image de pères chrétiens et héroïques !
Sur ce soin sacré avait, de jour en jour, reposé la bénédiction
d'en haut, car le cœur de chacun des deux fils correspondait
à celui de sa mère. Dès lors, quelle félicité dans le présent ! quelle calme confiance en un avenir dont le secret
n'appartenait qu'à Dieu ! Fidélité absolue au service de ce
père céleste, foi inébranlable en son infinie bonté : tel était
le résumé des suprêmes recommandations des deux mères
à leurs fils, au moment où ils entraient en contact avec les
réalités si souvent périlleuses du monde extérieur.

Au milieu du conflit des événements religieux et politiques
dont Châtellerault était depuis quelques semaines le théâtre,
vint, pour les deux cousins, le jour où ils se préparèrent à
prendre part à la solennité de famille qui devait réunir dans
cette ville l'élite des réformés et certaines notabilités de la
cour.

Le 11 mars 1598, cette solennité fut, pendant la journée,
précédée d'une réunion intime, dans laquelle on arrêta, en
la demeure de la princesse d'Orange, les conventions civiles
dont l'adoption devait légalement être antérieure à la célébration de l'union que Charlotte-Brabantine de Nassau
allait contracter avec Claude de La Trémoïlle.

Il est intéressant de savoir qui signa ces conventions, puis
en quelle qualité et dans quel rang figurèrent les signataires
en l'acte authentique qui fut alors dressé. Or, une infor-
mation précise sur ces deux points se déduit des principales
énonciations du préambule de cet acte, dont voici la teneur [1] :

---

1. Archives de M. le duc de La Trémoïlle.

« Sachent tous que aujourdhuy, date de ces présentes,
» pardevant nous, notaires soubzscripts, jurez pour le roy et
» pour Mgr le duc de Montpensier, duc de ce lieu, ont esté
» présens et personnellement establys :

» Très hault et très puissant seigneur, Mgr *Claude de La
» Trémoïlle*, duc de Thouars, pair de France et prince de
» Talmont, etc., etc., fils de très hault et très puissant sei-
» gneur *Loys de La Trémoïlle*, duc de Thouars, etc., etc.,
» et de très haulte et très puissante dame, Mme *Jeanne
» de Montmorency*, duchesse de Thouars, etc., etc., et
» assisté : 1° de très hault et très puissant seigneur,
» Mgr *Henry de La Tour*, *duc de Bouillon*, prince sou-
» verain de Sedan, Jametz et Raucourt, viconte de Thurenne,
» conte de Montfort, et mareschal de France, etc., etc., et
» 2° de très hault et puissant seigneur *Henry, conte de
» Colligny*, seigneur de Chastillon, admiral de Guyenne,
» d'une part;

» Et très haulte et très illustre princesse, Mme *Char-
» lotte-Brabantine de Nassau*, princesse en Oranges, con-
» tesse de Nassau, et fille de feu très hault et très puissant
» prince *Guillaume*, par la grâce de Dieu, *prince d'Oranges*,
» conte de Nassau, etc., etc., et de très haulte et très illustre
» princesse, feue Mme *Charlotte de Bourbon*, *princesse
» d'Oranges*, *contesse de Nassau*, et assistée : 1° de Loys de
» Chezelles, escuyer, seigneur de Pieron, conseiller et
» chambellan ordinaire de très hault, très illustre et très
» puissant prince, Mgr *Henry de Bourbon*, *duc de Mont-
» pensier*, pair de France, gouverneur et lieutenant général
» pour le roy, en son pays et duché de Normandye, au nom
» et comme procureur de mondit seigneur le *duc de Mont-
» pensier* son cousin germain, du côté maternel, envoyé
» pour assister et représenter sa personne au présent
» contrat de célébration de mariage, dont sera parlé cy-

» après, etc., etc. ; et 2° de très haulte et très illustre
» Mme *Louyse de Colligny, princesse douairière dudit*
» *Oranges*, contesse de Nassau, etc., etc., tant en son nom,
» comme belle-mère de madite demoyselle, que au nom
» et comme procuratrice de très hault et très puissant
» prince, M^er *Maurice, prince en Oranges*, conte de
» Nassau, etc., etc., et aussi assistée, 3° de très hault et
» très illustre seigneur *Henry, viconte de Nassau*, prince
» en Oranges, et frère consanguin de ladite damoyselle,
» d'autre part ;

» Lesquelles parties, pour parvenir à l'effect du futur
» mariage cy-devant convenu et accordé, au bon vouloir et
» consentement du roy, nostre sire, et de mondit seigneur
» le duc de Montpensier, quy, au plaisir de Dieu, *se fera*
» *selon les solempnitez des églises réformées de France,*
» entre mondit seigneur *Claude de La Trémoïlle, etc.*, et
» madite damoyselle *Charlotte-Brabantine de Nassau,*
» princesse en Oranges, ont faict et font les traictez, accords
» et conventions qui ensuivent, etc. »

L'acte se termine par cette mention : « Faict et passé
» audit Chastelleraud, au logis de Mme la princesse d'Oranges,
» le onzième jour de mars, l'an mil cinq cent quatre-vingt-
» dix-huit, après midy.

» Ainsi signé en la minute de ces présentes : Claude de
» La Trémoïlle, Charlotte-Brabantine de Nassau, Henry
» de La Tour, *Henry de Colligny*, de Chezelles, Louyse de
» Colligny, Élisabeth de Nassau [1], Henry-Frédéric de
» Nassau. »

Dans la soirée du même jour, 11 mars 1598, eut lieu, en
l'église réformée, la célébration du mariage religieux, à

---

1. La duchesse de Bouillon. — Elle avait été officieusement admise,
en sa qualité de sœur, à signer l'acte du 11 mars dans lequel d'ailleurs,
elle n'était pas dénommée.

laquelle Henri de Coligny assista, en sa qualité de second témoin du duc de La Trémoïlle.

Bientôt après, les nouveaux époux, leurs parents et leurs témoins se dirigèrent vers Thouars, où leur présence se signala par des fêtes et des réjouissances, sur lesquelles, selon la coutume du temps, étaient en droit de compter les populations qui leur souhaitaient la bienvenue.

CHAPITRE VI

Dans les derniers jours de mars, Henri de Coligny arriva
à Angers, ainsi que Ph. Mornay de Bauves, et autres jeunes
seigneurs. Il y put constater que, lorsque Mercœur se présenta au roi, dans cette ville, « on n'avoit jamais rien vû de
» si contrit » que ce dernier chef des ligueurs faisant sa
soumission [1].

Pendant le reste de l'année 1598, le fils de Marguerite
d'Ailly, soit qu'il fût à la suite du roi, soit que, plus fréquemment encore, il se trouvât auprès de sa mère, de sa
tante, la princesse d'Orange, et de son cousin, Henri de
Nassau, ou de quelque autre membre de sa famille, sut
continuer à faire de son temps un emploi utile. Travaux
propres à accroître son instruction, entretiens avec des
hommes de valeur, dont il aimait à consulter l'expérience
et à recevoir les conseils, recherche persévérante de notions
théoriques et pratiques sur l'art militaire, soins donnés, de

1. Lettre de Ph. de Mornay, du 29 mars 1598. (*Mémoires*, édit. de 1824,
t. VIII, p. 249.)

loin ou de près, dans la mesure du possible, à l'amirauté
de Guyenne et au gouvernement de Montpellier : voilà sur
quoi portait l'activité de l'adolescent et ce qui lui donnait
une consistance telle, qu'elle n'échappa point au coup d'œil
pénétrant du souverain, ainsi que le prouve ce passage
d'une lettre de Henri IV, impliquant l'idée de certains offices
que, parfois, le roi croyait pouvoir confier à Henri de Coligny : « Monsieur de Rosny, je serois bien aise que M. d'In-
» carville vînt et amenast avec luy *Chastillon*, qui m'appor-
» teroit les plans de toutes mes villes frontières, pour voir
» où je serois d'avis que l'on feist travailler, si vous et ledit
» sieur d'Incarville avés pourveu aux moyens de ce faire[1]. »

Dans un autre ordre de faits que celui auquel s'appliquent
ces paroles, se rencontre un acte qui constitue l'une des
plus paternelles preuves de confiance qu'un homme vénérable pût accorder à la jeunesse de Henri de Coligny.

Ph. de Mornay, car c'est de lui qu'il s'agit, avait la mémoire du cœur. Aussi, demeurait-il toujours sous l'impression du soulagement qu'avaient apporté naguère à ses dou-
loureuses émotions la sympathie et l'ardent dévouement
dont avaient fait preuve envers lui, lors de l'attentat commis par Saint-Phal, ses nombreux amis. Parmi eux, s'était
signalé, à ses yeux, le digne fils de son ancien compagnon
d'armes, François de Chastillon.

Là où la répression eût dû être immédiate, de longs mois
s'étaient écoulés, dans les régions de la cour, en pourpar-
lers, en tergiversations, en stériles démarches, qui avaient
abusivement paralysé l'action de la justice, lorsque enfin une
juridiction spéciale, se composant du connétable et des
maréchaux de France érigés en juges suprêmes d'une question d'honneur, en même temps que d'une question de

---

1. *Lettres missives de Henri IV*, t. V. p. 45. Lettre du 9 octobre 1598.

voies de fait et d'offense brutale, fixa le mode de la réparation éclatante à laquelle Ph. de Mornay avait droit et en régla les détails, dans le libellé d'un projet de procédés officiels à suivre et de déclarations orales à formuler, qui fut soumis à l'approbation préalable de la victime de l'attentat.

Nanti de ce projet, Ph. de Mornay, ainsi que nous l'apprend sa fidèle compagne[1], « prya de ses principaulx parents et amys, ceulx qui se trouvoient sur le lieu (Paris) » de se réunir en son logis, les requérant de luy donner » leur advis, selon leur honneur et le sien, de la forme » d'accord qui luy estoit proposée, laquelle tous ils approuvèrent, protestans qu'en pareil cas ils n'en refuseroient » ung semblable, et que, pour ung prince, à peine pourroit » estre la satisfaction en aultres termes. »

Or, qui figura, avec un autre jeune seigneur, au premier rang des membres de la réunion ainsi convoquée par Ph. de Mornay? Celui-là même dont il n'avait oublié ni la sympathie, ni l'ardent dévouement, Henri de Coligny[2]; fait capital, qui fut, pour le jeune homme ainsi traité en en ami et en conseiller, un véritable titre d'honneur.

Le 12 janvier 1599, jour fixé par Henri IV pour qu'en sa présence eût lieu une réparation solennelle, Henri de Coligny, de même que plusieurs autres amis de Ph. de Mornay, accompagna ce dernier au Louvre, et là il vit Saint-Phal, amené par de La Force, capitaine des gardes, se jeter aux pieds du roi, et l'entendit implorer son pardon, puis celui de Ph. de Mornay. Il entendit aussi le monarque, à la suite

---

1. *Mémoires de Mme de Mornay*, édit. de 1824, t. I, p. 337.

2. « Estoient entre ceulx auxquels M. Duplessis demanda leur avis, » M. de Rohan, MM. *de Chastillon*, de Clermont, marquis de Galerande, » vidame de Chartres, de La Force, de Montloue, de Montaterre, de Breuil d'Auge, de Parabère, de Chouppes, de Saint-Malo, comte Saint-Aignan, » de Vendes, et plusieurs autres personnages de qualité. » (*Mémoires de Mme de Mornay*, édit de 1824, p. 340.)

8

de généreuses paroles prononcées par la victime de l'attentat, en réponse aux aveux faits et aux excuses présentées
par le coupable, dire à Saint-Phal : « Qu'il devoit avoir eu
» honte de se prendre à un vieulx chevallier, luy jeune
» homme sans expérience, à ung gentilhomme qui s'estoit
» trouvé avec des marques signalées en plusieurs combats
» et en quatre batailles, qui avoit bien mérité de son ser-
» vice, et ayant des premiers commandemens en la
» province, qui luy avoit néantmoins présenté les voyes
» d'honneur; qu'il pardonnoit à sa jeunesse, et cela, à la
» supplication de M. Duplessis (Mornay); et que, si à
» luy ou à aultre avenoit un pareil cas, qu'il en feroit
» désormais punition exemplaire[1]. »

Henri de Coligny, à l'issue de la scène émouvante dont il
avait été témoin au Louvre, se retrouvant auprès de sa
mère et de sa tante, s'associa aux préoccupations que venait
de faire naître, à des degrés divers, dans l'esprit de chacune
d'elles, une lettre récemment écrite par les états généraux
des Provinces-Unies à la princesse d'Orange. Cette lettre
portait[2] :

« Madame, nous envoyons présentement en France le
» sieur Doublet, pour, avec la préalable permission du roy,
» laquelle avons enchargé au sieur d'Aersens d'impétrer de
» Sa Majesté, *illec* faire levée de cavalerie et infanterie
» françoise, dont leur avons commandé de en faire particu-
» lièrement ouverture à Vostre Excellence; et comme, pour
» l'effectuation de ceste charge, ils auront besoin de votre
» bonne direction, nous prions bien fort qu'il plaise à Vostre
» Excellence les y assister et favoriser, de la part où il con-
» viendra, de vostre bon conseil et advis, afin que ladite
» levée se puisse faire avec la plus grande diligence qu'il

1. *Mémoires de Mme de Mornay*, édit. de 1824, t. I, p. 341.
2. Archives générales du royaume de Hollande.

» sera aulcunement possible ; ayant trouvé bon de présen-
» ter une compagnie de ladite cavalerie françoise à M. le
» comte Henri de Nassau, vostre très cher et bien-aimé fils,
» en tant qu'il plaira à Vostre Excellence l'avoir agréable,
» et de l'accepter de sa part ; ce que nous vous prions ; dé-
» sirans, à ceste fin, comme le temps que nous luy avons
» accordé pour demeurer en France est expiré, et que nous
» espérons qu'il pourra estre employé, pour le renouveau,
» au service de sa patrie, en campaigne, qu'il vous plaise,
» pour cest honorable effect, nous le renvoyer ; en quoy
» Vostre Excellence s'acquittera de sa promesse, et nous
» fera chose très agréable ; et nous remettant, au demeu-
» rant, à ce que Vostre Excellence entendra davantage de
» l'estat présent de nos affaires, prions le Créateur, etc. —
» *Actum VII. januarii* 1599. »

Louise de Coligny était prête à rendre service aux états
généraux, en appuyant auprès du roi leur demande d'autorisation relative à une levée de troupes ; elle leur savait gré
de l'offre d'une compagnie pour son fils ; mais, en même
temps, elle s'affligeait de voir celui-ci contraint, sous le
coup d'un engagement positif, de se séparer d'elle prochainement. Toutefois, en princesse fidèle à sa parole, elle
l'exhortait à se résigner aux rigueurs d'une séparation nécessaire.

Quant à Mme de Chastillon, partagée entre la satisfaction
de conserver, pour le moment, son fils auprès d'elle et le
désir de voir s'ouvrir, pour lui, même au prix d'une absence
temporaire de sa patrie, une carrière militaire, analogue à
celle dans laquelle Henri-Frédéric allait s'avancer, elle in-
clinait à regretter, qu'en offrant une compagnie de cavalerie
à l'un des deux cousins, les états généraux n'eussent pas
pensé à gratifier l'autre d'une compagnie quelconque dans
la levée qu'il s'agissait d'opérer en France.

N'était-ce pas là aussi l'avis des deux jeunes cousins? On l'ignore, il est vrai; mais il n'en demeure pas moins permis de former, sur ce point, dans le sens de l'affirmative, une conjecture probablement fort voisine de la réalité.

En effet, les deux petit-fils de l'amiral de France, unis désormais l'un à l'autre par les liens d'une étroite amitié, aspiraient à pouvoir suivre ensemble la carrière des armes. Or, si cette carrière, fermée en France à Henri de Nassau, lui était uniquement accessible dans les Provinces-Unies, ne pouvait-elle pas, pour un temps au moins, l'être également à Henri de Coligny sur le sol de ces provinces, dans les rangs des troupes françaises employées à leur service? Assurément oui; et c'est bien là, on n'en saurait douter, ce ce que pensaient les deux jeunes amis, comme aussi ce que pensaient leurs mères.

Les événements militaires de France et des Pays-Bas avaient été fréquemment le sujet des entretiens des deux Henri; et l'ardeur guerrière du fils de Mme de Chastillon s'était accrue aux récits de son cousin, quand il l'avait entendu lui dire que, dès l'âge de treize ans[1], il avait porté les armes sous l'égide de son frère aîné, Maurice de Nassau, lui vanter les hauts faits de ce frère, lui parler de l'accueil favorable que les Français recevaient sous les drapeaux de son armée; enfin lui signaler les éminents services rendus par plusieurs d'entre eux. Et maintenant que, rappelé par les états généraux pour entrer de nouveau en campagne, à la suite de Maurice, Henri-Frédéric allait quitter la France, quel n'était pas l'empressement de Henri de Coligny à le féliciter de ce qu'il se voyait appelé à l'hon-

---

1. « Le 1er août 1597, Maurice de Nassau partit de La Haye, suivi du » jeune prince, Henri-Frédéric, son frère, qui commença de faire son » premier coup d'essai, en l'expédition, n'étant alors encore âgé que de treize ans. » (Lapise, *Histoire des pr. et de la ppté d'Orange*, p. 651.)

neur de consacrer ainsi à sa patrie ses forces et son dévouement.

Le princesse d'Orange, quel que fût le chagrin que lui coûtât une séparation imminente, s'occupait si sincèrement des préparatifs nécessités par le prochain départ de son fils, qu'elle écrivit à sa belle-fille, la duchesse de La Trémoïlle[1] :

» Je suis si interdite du partement de vostre frère, que je
» ne sais ce que je fais. Cela m'a empêchée, depuis que j'ai
» eu cette nouvelle, d'écrire ni à vous, ni à personne, car je
» ne pense plus qu'au moyen de le faire retourner avec quel-
» que lustre et moyen de servir sa patrie : de façon que je
» ne parle, à cette heure, qu'hommes, armes et chevaux[2] ;
» et, pour en faire, je vous laisse à penser s'il me faut
» trouver de l'argent ; à quoy me fait extrême besoin celuy
» que me doibt vostre bon mari. Vous avez intérêt, ma fille,
» à ceci ; c'est pour l'honneur de vostre frère, pour le bien
» de vostre pays. Faites donc, je vous supplie, que je reçoive
» ceste partie. Quand vous ne me le devriez point, je m'a-
» dresserois à vous, en une telle occasion, où il y va de
» l'honneur et de la réputation de vostre cher frère, car
» messieurs les estats me prient instamment qu'il leur mène
» une bonne troupe. »

1. Lettre du commencement de mars 1599. (Archives de M. le duc de La Trémoïlle.)

2. Henri-Frédéric, pendant son séjour en France, avait si bien débuté dans l'équitation, sous la direction d'un maitre célèbre, que la princesse d'Orange écrivait au comte Guillaume de Nassau, son neveu : « Vostre » petit cousin ne sera plus petit quand vous le reverrez, car il devient » fort grand. Il faut que je vous dise que, principalement à monter à » cheval, il profite de telle façon, que M. de Pluvinel dit que, s'il le peut » avoir quelque temps, il le rendra un des mieux à cheval qui sortit de » longtemps de son école. Monsieur le connestable, monsieur le Grand, » et tous ceux qui s'y entendent disent que, s'ils ne le voyoient, qu'ils » ne croiroient jamais qu'en si peu de temps, il eût pu y estre si bien. » (Archives de la maison d'Orange-Nassau, n° 2,247.)

Le roi de France était si peu d'avis de laisser partir Henri-Frédéric, qu'à l'insu de Louise de Coligny il chargeait son ambassadeur dans les Provinces-Unies d'inviter le prince Maurice à user de son crédit auprès des états généraux pour que son jeune frère fût autorisé par eux à prolonger, pendant une seconde année, son séjour dans le royaume.

L'ambassadeur s'étant acquitté de la mission que son souverain lui avait confiée, Maurice de Nassau accomplit une démarche dont l'objet et l'issue sont ainsi constatés, à la date du 24 février, dans le recueil des *Résolutions* des états généraux des Provinces-Unies[1] : « Son Excellence » (le prince Maurice) annonce à l'Assemblée que le sieur » de Buzanval a reçu une lettre du roi de France qui le » charge de prier sadite Excellence d'intervenir auprès des » états généraux, à l'effet d'obtenir en faveur du comte » Henri-Frédéric l'autorisation de rester encore un an en » France.

» *Résolu* d'écrire au roy que les estats, guidés par des » considérations particulières, désirent que le comte Henri-» Frédéric retourne, à la première occasion favorable. »

En exécution de la résolution ainsi prise, les états généadressèrent à Henri IV, le 26 février 1599, la dépêche suivante[2] :

« Sire, M. le prince Maurice nous a remonstré que le » sieur de Buzanval, vostre ambassadeur pardeçà, par le » commandement de Vostre Majesté, l'avait requis de » moyenner envers nous que voudrions trouver bon que le » comte Henri, son frère, pourroit demeurer encore un an » en France ; sur quoy ayant mûrement advisé, nous n'avons

1. Archives générales du royaume de Hollande, registres des dépêches de France.

2. Archives générales du royaume de Hollande.

» peu laisser d'advertir Vostre Majesté comme le partement
» dudit sieur comte vers France, de sa demeure *illec* pour
» un an luy a esté par nous accordé avec le préalable consen-
» tement des Provinces-Unies ; et ainsi estant présente-
» ment ledit terme expiré, nous ne saurions accorder la pro-
» longation d'iceluy, sans mesme préalable adveu desdites
» provinces. En quoi nous trouvons de la difficulté, tant
» pour le regard de la presse de l'ennemi qui se commence
» à remuer vers les quartiers de Gueldres et Overyssel,
» selon les advertances qui nous en viennent de divers en-
» droits, que pour aultres importantes considérations qui
» touchent le bien de nostre Estat ; par où, sire, nous prions
» Vostre Majesté bien humblement qu'il vous plaise trouver
» bon et permettre le retour pardeçà dudit sieur comte, par
» la première commodité, et lui continuer toujours vos
» royales faveurs, comme aussi à nostre Estat vostre af-
« fection accoustumée pour le maintenement d'iceluy. »

Louise de Coligny, pour la décharge de sa propre respon-
sabilité, tint à ce que les états généraux sussent qu'elle
était demeurée totalement étrangère à la démarche que
Henri IV avait chargé son ambassadeur d'accomplir. Aussi,
trouve-t-on consignées dans les registres des *Résolutions* de
ces états la mention suivante[1] :

« Séance du 11 mars 1599. — Le sieur Dommarville,
» lieutenant-colonel dans le régiment du sieur de Lanoue,
» a comparu à l'Assemblée et représenté, de la part de
» Mᵐᵉ la princesse d'Orange, qu'elle avoit volontairement
» consenti au retour du prince, son fils, et que la lettre du
» roi de France estoit écrite à son insu. »

Le fait était incontestable, par cela seul que la princesse,
dans sa parfaite loyauté, en affirmait l'existence.

----

1. Archives générales du royaume de Hollande.

Quelques semaines s'étaient encore écoulées, sans que Henri IV eût consenti au départ de Henri-Frédéric, qu'il retenait auprès de lui au château de Fontainebleau, lorsque arrivèrent en France Dommarville et le capitaine Baud, annonçant que des vaisseaux de guerre, stationnant dans l'un des ports du royaume, y attendaient le jeune prince, pour le conduire dans les Provinces-Unies.

Ce fut alors que la princesse d'Orange adressa, le 1er avril, à Barnevelt, ces lignes, dans lesquelles se peignaient, en traits saisissants sa noble insistance auprès du roi et sa sollicitude maternelle[1] :

« Monsieur, comme M. Dommarville et le capitaine Baud » arrivèrent, mon fils estoit avec le roy à Fontainebleau. Je » partis incontinent pour le aller quérir et faire entendre à » Sa Majesté le commandement que j'avais de messieurs les » estats de le leur renvoyer. Je luy parlai aussi combien » lesdits estats avaient de besoin de l'accomplissement de » ses promesses; ce qui fut occasion que Sa Majesté nous » retint quelques jours, pour voir s'il y avoit moyen que » mon fils peust porter avec luy une partie de ce qu'il nous » a promis; mais cela n'a pas pu estre, à cause que le con- » seil est tout séparé, pour ces fêtes de Pasques. Sa Ma- » jesté m'a commandé cependant d'assurer messieurs les » Estats et vous en particulier, que, pour le 15 de ce mois, » ou au plus tard pour la fin, il vous envoiera ce que vous » dict M. Dommarville; et m'a prescrit fort Sa Majesté que » mon fils retardast son partement jusque lors; mais, luy » remonstrant la dépense qu'avoient faite ces messieurs les » estats, luy envoïant des vaisseaux de guerre, et l'incom- » modité qu'ils recevroient de leur retardement, Sa Majesté » lui a accordé son congé.

1. Archives de la maison d'Orange-Nassau, n° 2,247ᵃ.—Archives générales du royaume de Hollande. *Brieven van vorsten, Regerings personen.*

» Je le vous renvoye donc, monsieur, avec prières très
» ardentes que je fais à Dieu, qu'il luy fasse la grâce de rendre
» ce qu'il doit à sa patrie. Il en a bien la volonté; il luy reste
» la capacité, que j'espère que le temps et le bon exemple
» de son père luy donneront. Je le vous recommande, mon-
» sieur, et vous supplie d'en avoir soing, et que par vostre
» moyen il soit maintenu aux bonnes grâces de messieurs
» les estats, particulièrement des estats de Hollande, qui sont
» ses pères et ses protecteurs, et entre les mains desquels je
» le résigne. »

» Je n'escris qu'à vous, monsieur, puisque l'arrivée de
» mon fils fera assez paroistre à messieurs les estats l'obéis-
» sance que je rends à leurs commandemens; et luy et
» M. Dommarville vous feront entendre tout ce que vous
» désirerez d'apprendre d'ici, etc. »

Presque aussitôt Henri-Frédéric quitta la France, sans
avoir pu revoir sa sœur, la duchesse de La Tremoïlle, à laquelle la princesse d'Orange eut soin d'écrire[1] : « Vous avez
» tort de vous plaindre de ce que *vostre petit frère* ne vous
» a point été voir, car il en a eu encore plus de regrets que
» vous; et croyez, ma fille, que, s'il eût été possible, il eût
» fait ce voyage. Quand vous ouïrez toutes mes raisons, vous
» jugerez bien qu'il n'a pu; et faut que je vous avoue que
» j'ai été surprise en son partement, car je ne pensois
» pas qu'il dût être mandé sitôt; et m'a fallu user d'une
» telle diligence pour ne faire point attendre les vaisseaux
» que je n'ai pas eu loisir de lui faire faire mille choses qui
» lui estoient nécessaires. Je n'ai point eu de ses nouvelles
» depuis son embarquement, qui fut il y eut hier huit jours,
» avec un si bon vent, que j'espère que Dieu l'aura conduit
» heureusement. »

1. Lettre du 24 avril 1599. Archives de M. le duc de La Trémoïlle.

Au moment même où ces lignes étaient tracées, Henri-Frédéric se trouvait, après une heureuse navigation, de retour dans les Provinces-Unies, et dès le 23 avril, il se présentait à l'assemblée des états généraux [1].

A son départ avait promptement succédé celui de Ph. de Mornay de Bauves pour la Hollande, où son père l'envoyait faire ses premières armes sous la direction de Maurice de Nassau [2].

Quant à Henri de Coligny, entrant alors dans sa dix-septième année, qu'allait-il devenir sur le sol de cette France qu'il aimait passionnément, et qu'à tout prix, ne fût-ce même que comme simple volontaire, sous les drapeaux de l'armée, il voulait commencer immédiatement à servir ?

S'il n'y rencontrait encore qu'un insuffisant aliment à son activité, lui serait-il permis du moins, afin qu'il se préparât d'autant mieux aux services que plus tard il pourrait rendre à sa patrie et à ses coreligionnaires, d'atteindre, à son tour, le territoire des Provinces-Unies, que ses deux amis venaient d'aborder, et là, de combattre contre les Espagnols? Il l'ignorait ; mais ce qu'il savait bien, c'était que, mû par l'unique sentiment du devoir, il pouvait, en toute assurance, placer son désir de prendre du service dans l'armée d'un État allié de la France sous la protection des vues émises par un vieil ami de son aïeul et de son père, par le valeureux et sage de Lanoue qui, dans un de ses remarquables écrits [3], avait naguères consigné les réflexions suivantes :

1. Archives générales du royaume de Hollande. Recueil des *Résolutions* des états généraux des Provinces-Unies. — Séance du 23 avril 1599.

2. Voir *Appendice*, nᵒ 12.

3. *Discours politiques et militaires du seigneur de Lanoue*. Basle, 1589, in-8ᵒ, neuvième discours, p. 226-227.

« On dira qu'en ces guerres estrangères, qu'on va cher-
» cher, l'on y peut aprendre beaucoup : ce que je confesse.
» Mais je ne suis pas si ignorant, que je ne scache bien que
» c'est le droit de la guerre de dévorer, en son ordinaire,
» pour le moins le quart de ceux qui la hantent ; mais quand
» des cinq parties elle en arrache les quatre, ce que sou-
» vent elle fait, n'est-elle pas trop gourmande ? J'ay dit ceci
» afin que ceux qui y vont, comme matras désempennez, ou il
» y a rumeur, se souviennent qu'avec facilité on part, et avec
» beaucoup de difficulté on retourne... En somme, les bien
» avisez marcheront, s'ils m'en croyent, en ces desseins
» volontaires, avec le pied de plomb, et mesmement les
» nobles, se souvenant que d'aller imprudemment jeter
» leur vie en des aventures plus périlleuses que néces-
» saires, ce qu'ils ne doivent faire que pour bonnes occa-
» sions, c'est un argument de la légèreté françoise, un
» engendrement de larmes aux parens et affoiblissement
» des nerfs de l'Estat. — *Mais quand les entreprises sont*
» *appuyées sur justice*, et que les légitimes commandemens
» des rois ou des républiques entreviennent, qui, à cause
» des alliances, envoyent gens à leurs alliez ou, pour autre
» occasion nécessaire, secourent les oppressez : alors ne
» faut-il regarder ni aux périls, ni aux incommoditez ; car,
» en faisant ce qu'on doit, soit qu'on souffre ou qu'on
» périsse, toujours la peine ou la perte est bien employée. »

Certes c'était bien, pour reproduire le langage de Lanoue,
une entreprise appuyée sur justice que celle à la réalisation
de laquelle Henri de Coligny aspirait. Quoi qu'il advînt, il
pouvait demeurer en paix avec sa conscience ; aussi fut-ce
sans anxiété qu'il accepta les incertitudes d'une expectative qui pouvait être d'une certaine durée.

Porté, d'habitude, à l'action, il n'en savait pas moins
réfléchir et s'appuyer dans l'appréciation du présent, dans

l'espoir en l'avenir, sur l'expérience d'un passé d'autant mieux connu de lui, et d'autant plus cher à son cœur, qu'il se liait intimement à la carrière de trois hommes d'élite dont il vénérait la mémoire.

Et d'abord, il se rassurait à la pensée que l'amiral, son aïeul, et d'Andelot, son grand-oncle, épris comme lui, dès leur plus tendre jeunesse, de la carrière des armes, et aspirant à en voir l'accès ouvert à leur généreuse ardeur, ne s'étaient nullement laissés décourager par une longue expectative, qui n'avait cessé, pour le premier, qu'à l'âge de vingt-trois ans, et, pour le second, qu'à celui de vingt et un ans et demi. Si de tels devanciers avaient sû patiemment attendre, il devait, se disait-il, imiter leur patience.

Il n'oubliait pas, d'ailleurs, qu'à leur début, ils n'avaient pu se joindre à l'armée qu'au seul titre de volontaires, et n'y servir, selon l'expression du temps[1], que *pour leur plaisir*; mais qu'ils n'en avaient pas moins jeté alors les bases de leur réputation militaire, par le déploiement de leurs mâles qualités; et, qu'après qu'ils « se furent allés » pourmener ordinairement là où il y avoit des coups (et de l'honneur) à donner[2] », vint enfin pour eux le moment où, revêtus, chacun, d'un grade mérité, ils appartinrent à l'armée, à titre permanent.

Il se rassurait encore plus, au souvenir du début de François de Chastillon, son père, qui, à l'âge de dix-huit ans, arrivant de Suisse en Languedoc, s'était présenté, dans cette province, au chef de l'armée des confédérés, en qualité de simple votontaire, heureux de pouvoir, quelle que fût la situation qu'on lui assignât, servir son Dieu et sa patrie. Tous, à le voir et à l'entendre, avaient reconnu en lui les principaux traits de la piété, du caractère et des émi-

1. *Mémoires de Martin du Bellay*, liv. X.
2. Brantôme, édit. Le Lal., t. IV, p. 315, 316.

nentes qualités de l'amiral, son père ; la confiance qu'il
inspirait était générale, et il l'avait promptement justifiée par
son active et judicieuse coopération à celles des affaires dans
le maniement desquelles on avait fait appel à son zèle, en
attendant sa nomination à un poste spécial. Bientôt il avait
été appelé à un commandement dans le Lauraguais ; mission de confiance, au cours de laquelle il avait déployé une
maturité d'esprit et une vigilance remarquable ; puis, plus
tard, ayant, par son énergie, électrisé un corps de troupes
dont l'organisation était due à ses seuls efforts, il avait, à
l'âge de vingt ans, battu l'ennemi sous les murs de Montpellier et sauvé cette ville.

Loin d'oser prétendre, pour sa part, à un si magnifique
début dans la carrière des armes, Henri de Coligny bornait
son ambition à pouvoir aborder cette carrière au même
âge que son père. Or, il lui fut donné de l'aborder, à un
âge moins avancé et d'obtenir ainsi plus que ce qu'il désirait.

En effet, que se passait-il, de 1599 à 1600, tandis que, sans
ralentir du reste ses travaux ni ses diverses occupations
de chaque jour, il se livrait à maintes réflexions sur
son propre avenir ?

La sollicitude d'autrui veillait sur lui et lui ménageait, à
son insu, l'accès de la carrière militaire.

CHAPITRE VII

Henri de Coligny était, à tous égards, digne de l'affectueuse et délicate sollicitude qui s'étendait alors sur l'une
des phases le plus intéressantes de sa vie.

A le voir, à l'entendre, on était frappé de la précocité de
ses aptitudes et de sa bouillante ardeur.

On a dit avec raison[1] qu'à cette époque « il étoit autorisé
» parmi les réformez de France, qui aimoient en lui des
» vertus pareilles à celles de son père et de son grand-
» père. Il parloit sans cesse de leurs actions, et il n'aspiroit
» qu'à les imiter. Le plus ardent de ses souhaits étoit celui
» d'être, comme son aïeul, à la tête des réformez et de livrer
» une bataille pour leurs intérêts... Jamais jeune seigneur
» n'avoit donné de plus grandes espérances. »

Vint le jour où la sympathie et l'estime qu'il s'était con-
ciliées se traduisirent par un acte décisif qui mit un terme
aux incertitudes de sa situation.

Quelle ne fut pas sa joie lorsqu'il apprit que le roi, qui
déjà lui avait accordé la faveur de devenir capitaine d'une
compagnie de trente lances fournies, de ses ordonnances[2],

---

1. E. Benoit, *Histoire de l'Édit de Nantes*, t. I, p. 372.
2. Du Bouchet, *Histoire de la maison de Coligny*, p. 700.

l'autorisait à entrer au service des provinces unies des
Pays-Bas, dont les intérêts supérieurs se confondaient alors
avec ceux de la France, et spécialement avec ceux des
réformés français! Il allait soutenir, dans ces héroïques
provinces, ainsi que nombre de ses compatriotes qui déjà
s'y trouvaient, la lutte contre l'Espagne, en faveur de l'indépendance nationale, et surtout de la liberté religieuse;
lutte gigantesque, à laquelle avaient glorieusement pris
part son aïeul et son père. Marcher sur leurs traces, tel
était son pieux désir.

Sa mère y applaudissait, et il nous semble l'entendre,
au moment où elle consentit à ce qu'il se séparât d'elle,
lui tenir un langage identique à celui que, dans une circonstance analogue, une autre mère chrétienne, Mme de Mornay,
fit entendre à son fils bien-aimé, et que voici[1] :

« Mon filz, Dieu m'est témoing que, mesme avant vostre
» naissance, il m'a donné espoir que vous le serviriez; et
» ce vous doibt estre quelque arre de sa grâce, et une
» admonition ordinaire à vostre devoir. En ceste intention,
» nous avons mis peine, vostre père et moy, de vous nourrir
» soigneusement en sa crainte, que nous vous avons, en
» tant qu'en nous a esté, faict sucer avec le lait... Mainte-
» nant je vous voy prest à partir; ne vous pouvant suivre
» de l'œil, je vous suivray de mesme soin, et prie Dieu que
» vous croissiez en sa crainte et en son amour, profitiez en
» la connoissance de toutes choses bonnes, vous fortifiiez en
» la vocation que vous avés de luy pour son service, et rap-
» portiez tout ce qu'il a mis en vous et qu'il y mettra ci-
» après à son honneur et gloire... Il vous a fait naistre d'un
» père, duquel, en ces jours, il s'est voulu servir pour sa
» gloire, qui vous a, dès votre enfance, dédié à son service,

---

1. *Mémoires de Mme de Mornay*, au début.

» qui, en cest espoir, vous a faict eslever, selon vostre aage,
» en piété et en doctrine; qui, en somme, n'a rien obmis,
» par ardentes prières envers Dieu, par un soin exquis en
» vostre instruction, pour vous rendre, un jour, capable de
» son œuvre. Pensez que par tels chemins Dieu vous veut
» associer à grandes choses ; pensez à estre instrument,
» en vostre temps, de la restauration, qui ne peut plus
» tarder, de son église. Eslevez tout vostre esprit à ce but-là,
» et ne doutez, moiennant cela, mon fils, que Dieu ne vous
» assiste, qu'en le cerchant vous ne le trouviez à la ren-
» contre, qu'en poursuivant son honneur, vous n'en trou-
» viez pour vous plus que le monde ne vous en sçauroit ny
» donner, ny promettre. Je vous baille par la main un guide
» pour vous accompagner, c'est l'exemple de vostre père,
» que je vous adjure d'avoir toujours devant vos yeux pour
» l'imiter. »

A l'heure de la séparation, de quel prix ne sont pas, pour
un fils aimant, les exhortations, les vœux et les bénédictions de sa mère, alors surtout qu'elle y associe le souvenir sacré de l'affection et des vœux suprêmes d'un père que
Dieu a rappelé à lui! Aussi, Henri de Coligny recueillit-il,
en son cœur, le trésor des directions et des tendresses
maternelles, avec l'émotion profonde d'un fils, fidèle obser-
vateur de ce commandement divin : « Honore ton père
» et ta mère!...; écoute l'instruction de ton père, et n'aban-
» donne point l'enseignement de ta mère!¹ »

De sérieux devoirs s'imposaient au jeune Français, dans
la voie toute nouvelle qui s'ouvrait devant lui, en pays
étranger; il avait, de sang-froid, mesuré l'étendue de ces
devoirs, et l'on verra bientôt, en quelles graves circonstances il sut pleinement les remplir.

1. *Décal.*, XX, 12. — *Prov.*, I, 8; VI, 20.

Mais d'abord, dans quelles conditions s'accomplit son trajet de France en Hollande? l'effectua-t-il seul, ou accompagné par un ou plusieurs de ses compatriotes? trouva-t-il, à son débarquement, une main amie qui lui fut tendue, un toit hospitalier sous lequel il fut convié à s'abriter? Les documents contemporains se taisent sur ces questions, qu'il eût été intéressant de pouvoir élucider.

Ce qu'on sait uniquement de ce qui se passa lors de son arrivée dans les Provinces-Unies, c'est qu'il se présenta immédiatement aux états généraux.

On trouve, en effet, consignée dans les registres de ces états, à la date du 26 avril 1600, cette mention [1] : « Comparaît M. *de Chastillon* [2], amiral de Guienne, en France, » déclarant être venu ici pour offrir ses services aux estats » généraux. Il fait connaître son intention de se rendre » demain auprès de Son Excellence [3], et il demande si *messieurs les estats* désirent le charger de quelque message. »

Rien, d'ailleurs, en dehors de cette simple mention, ne permet de préciser, ni la réponse qui fut faite à une offre dictée par un sentiment de juste déférence et par les règles de la courtoisie, ni la nature de l'accueil que Chastillon rencontra au sein de l'assemblée de *messieurs les estats*. Tout, au surplus, porte à croire que l'accueil fut favorable, car ce jeune seigneur y avait incontestablement droit, non seulement à titre personnel, par la dignité de son caractère et la loyauté de ses intentions, mais aussi en sa qua-

---

1. Recueil officiel des *Résolutions* des états généraux des Provinces-Unies, à l'année 1600. (Archives générales du royaume de Hollande.)

2. C'est désormais sous le nom de *Chastillon*, que *Henri de Coligny* sera désigné, dans la suite du présent récit.

3. Maurice de Nassau.

lité de fils et de petit-fils de deux hommes éminents qui s'étaient constamment montrés amis des Provinces-Unies, et avec les sentiments desquels s'identifiaient les siens.

Chastillon, grâce principalement à maintes communications et recommandations affectueuses, préalablement émanées de la princesse d'Orange et de son fils, n'était pas un inconnu pour Maurice de Nassau. Il aborda avec une respectueuse confiance ce grand capitaine, et ne tarda pas à voir s'étendre sur lui son bienveillant patronage.

Il sut s'en montrer digne, en réalisant, si ce n'est même en dépassant les espérances conçues par ce nouveau protecteur de sa jeunesse. On comprend aisément qu'il en fût ainsi ; car Chastillon « étoit né pour la guerre ; et entre » les belles qualités qui sont nécessaires à un homme de » commandement, il eut principalement l'adresse de se » faire aimer des soldats, dont il gagna le cœur et la con- » fiance [1]. »

En venant servir, à titre de loyal et valeureux allié, la cause des Provinces-Unies, qui, sous plus d'un rapport, était aussi celle de la France, il pouvait, avec la double autorité de la sympathie et du dévouement, tenir aux représentants de ces provinces le même langage que leur vieil ami et chaleureux défenseur de Lanoue [2] :

« J'ai horreur et compassion, quand je considère les ca- » lamités que vous avez souffertes par ceste insupportable » et âpre nation espagnole, laquelle s'est débordée en toutes » sortes de violences sur vos peuples ; ingratitude vilaine » par le service que vous lui avez fait. Vous et nous, sommes » issus de ceste très puissante nation gauloise, les armes » de laquelle se sont senties en parties les plus eslongnées ;

1. E. Benoit, *Histoire de l'Édit de Nantes*, t. I, p. 372.

2. Voir sa belle lettre aux états généraux des Provinces-Unies. (Bibl. nat. mss. f. fr., vol. 3,426, fº 6.)

» et nous donne-t-on encore ceste louange, d'avoir tousjours
» esté très affectionnez à conserver nostre liberté, pour la-
» quelle il est notoire combien nos maïeurs ont, par le
» passé, valeureusement combattu ; ce qui me fait croire
» que ceste vertu antique se renouvellera en vous, pour
» chasser la cruauté des Espagnols[1], qui, s'estimant comme
» anges, nous tiennent, nous autres septentrionaux, comme
» des bestes, et, pour ce regard, usent, à l'endroit des per-
» sonnes libres, du traitement convenable à des esclaves.
» Nous sommes vos compatriotes, usant de mesme langage,
» ayans mesmes mœurs et coustumes, et bien encore d'au-
» tres liens de proximité, afin que nous feussions aussi
» prompts à vostre défense, comme la raison et le debvoir
» nous y convient. Ne perdez point l'espérance ny le cou-
» rage aussy, car vous sçavez bien que Dieu oit le gé-
» missement des affligez et favorise leur justice. Il vous
» oira et favorisera. Combien de peuples battus de cette
» dure oppression ont été délivrés par sa bonté ! Cela vous
» doit rendre certains qu'il vous administrera ce qui est de

1. Comment ne pas se rappeler ici ces mémorables paroles de Guillaume de Nassau, prince d'Orange : « Quant estant en France (en 1559),
» j'eus entendu de la bouche du roi Henri, que le duc d'Albe traictoit des
» moyens pour exterminer tous les suspects de la religion en France, en
» ce pays et par toute la chrestienté, et que ledit sieur roi m'eust déclaré
» le fond du conseil du roi d'Espagne et du duc d'Albe..., je confesse
» que je fus alors tellement esmu de pitié et de compassion envers tant
» de gens de bien qui estoient vouez à l'occision, et généralement envers
» tous ces païs, que, voïant ces choses, dès lors j'entrepris à bon escient
» d'aider à faire chasser ceste vermine d'Espaignols hors de ce païs ? »
(*Apologie de Guillaume de Nassau, prince d'Orange, contre l'édit de
proscription*, publié en 1580 par Philippe II, roi d'Espagne. Bruxelles et
Leipzig, 1858, 1 vol. in-8°, p. 88, 89.) Ce fut ainsi que, dès 1559, se décida soudainement en France, aux côtés et à l'insu du royal oppresseur
des chrétiens évangéliques, la vocation de Guillaume de Nassau, comme
futur fondateur de l'indépendance des Provinces-Unies, et comme promo-
teur de la liberté religieuse, au sein de ces provinces.

» besoing; et puis, c'est à ceste heure que l'espoir et la
» valeur doibvent redoubler? »

Quel écho, ce magnifique langage du pieux et héroïque
de Lanoue ne doit-il pas trouver, de nos jours encore, dans
les cœurs des descendants de ses dignes amis du xvi⁰ siècle,
qu'il appelait si bien *ses compatriotes!*

Est-il besoin d'ajouter, qu'à la fin de ce même siècle,
les nobles accents du héros français, qui avait été l'élève et
l'un des meilleurs lieutenants de Gaspard de Coligny, firent
particulièrement vibrer deux jeunes cœurs, ceux des petits-
fils de l'illustre amiral, Chastillon et Henri de Nassau, au
moment où de graves événements se préparaient pour les
Provinces-Unies, et où la solennelle question de leur avenir
allait se décider sur les champs de bataille?

Ce fut alors que se cimenta entre les deux cousins, heureux de se retrouver indissolublement unis désormais l'un
à l'autre, cette fraternité d'armes, qu'en mère et tante, non
moins perspicace que tendre, la princesse d'Orange avait
pressentie, et même, probablement, préparée, en appelant
la bienveillance de Henri IV sur l'opportunité d'une détermination qui rapprocherait de son fils un neveu qu'elle
affectionnait vivement, un filleul du roi, auquel il avait été
déjà témoigné tant de bonté[1].

Tous deux, en l'année 1600, occupaient dans l'armée des
Provinces-Unies, que commandait en chef Maurice de Nassau, une situation dont la nature ressort du passage suivant
d'un ouvrage recommandable, publié en 1601[2] :

---

1. La bienveillance du roi pour quelques-uns de ses filleuls, s'étendait parfois aux jeunes amis ou parents de ceux-ci. (Voir *Appendice*,
n° 13.)

2. *La grande chronique, ancienne et moderne de Hollande, Zeelande,
West-Frise, Utrecht, Frise, Overyssel et Groningen jusqu'à la fin de
l'an* 1600, par J.-F. Le Petit. Dordrecht, 1601, in-f⁰, t. II, p. 769, 770.

« Le très illustre prince Maurice de Nassau, prince
» d'Orange etc., estoit ceste année (1600), de la part et par
» commission des seigneurs des estats généraux, général de
» l'armée des Provinces-Unies, par mer et par terre, gou-
» verneur et capitaine général de Gueldre, Hollande, Zée-
» lande, Wesfrise, Utrecht et Overyssel, ensemble des pays,
» villes et forteresses de Brabant et de Flandres, estans en
» l'union desdites provinces et admiral général d'icelles ;

» Auquel sieur prince estoient joints, *en tous services de
» guerre* desdits pays :

» Son frère, le très illustre prince *Henri-Frédéric*, né
» prince d'Orange, comte de Nassau, etc. ;

» L'illustre sieur Philippe, comte de Hohenloo, etc.,
» lieutenant général dudit sieur prince Maurice ;

» *Item* Guillaume-Louys, comte de Nassau, gouverneur
» et capitaine général de Frise, Groningue, Ommelanden et
» Drenthen ;

» *Item* George-Everard, comte de Solms et de Hoorn, etc. ;

» *Item* Ernest-Casimir, comte de Nassau, maistre de
» camp ;

» *Item* Louis Gonthier, son frère, comte de Nassau, lieu-
» tenant général de la cavalerie ;

» *Item le comte de Colligni, seigneur de Chastillon, aussi
» maistre de camp;*

» *Item* le généreux chevalier, messire François Veir, gé-
» néral de la gendarmerie angloise, gouverneur de l'isle et
» ville de la Bryèle ;

» Et plusieurs autres comtes, barons, seigneurs, cheva-
» liers signalez, gentilshommes, tant naturels desdites Pro-
» vinces-Unies, que des royaumes et pays circonvoisins. »

Bientôt s'offrit aux deux jeunes frères d'armes l'occasion
de rivaliser de courage.

Dans le cours de l'année 1600, eut lieu le rude combat de

Leffingen, dont le comte Ernest-Casimir de Nassau a laissé un récit animé [1]. En le soutenant, ce vaillant capitaine arrêta la marche de l'ennemi qui finit, il est vrai, par le refouler ; mais tout en subissant une défaite, le comte n'en rendit pas moins, à raison de la ténacité de sa résistance, un service signalé, en ménageant à Maurice de Nassau le moyen de se préparer, par une rapide manœuvre, à soutenir efficacement le choc des Espagnols et à les vaincre dans la célèbre bataille de Nieuport [2].

Avant que l'action ne s'engageât, Chastillon fut témoin d'une scène qui l'impressionna fortement.

Maurice de Nassau était en proie aux plus grandes appréhensions, au sujet de son frère Henri-Frédéric ; il lui signala le danger qu'il courait, « le conjura de vouloir » prendre le large de la mer et de se retirer, pour sauver » la patrie, si lui et l'armée venoient à se perdre... Le jeune » prince, verd de courage, eslevé sur l'honneur, tout empli » du sang généreux de l'illustre maison de ses pères, ré- » pondit, et se fit ouïr, qu'il vouloit vivre et mourir avec lui, » et qu'il n'attendoit du ciel meilleure fortune que la sienne [3]. »

1. Groen van Prinsterer, *Correspondance de la maison d'Orange-Nassau*, 2ᵉ série, t. II, p. 36 et suiv. — Le comte Ernest-Casimir de Nassau terminait son récit par ces mots : « Tousjours ay-je empesché » l'ennemi, l'espace de cinq heures, qu'il ne pouvoit marcher vers Son » Excellence : tellement que Son Excellence, par la basse marée qui entre » temps survint, avoit encores loisir, mais à grand'peine, de passer le » havre et se mestre en ordre de bataille ; tellement que messieurs les » estats, Son Excellence et tout le monde m'en sçavent bon gré et con- » fessent que par ma défaite ont esté sauvez et gagné la bataille. »

2. Une lettre du comte Louis Gunther au comte Jean de Nassau contient une relation de la bataille de Nieuport (Groen van Prinsterer, *Corresp. de la maison d'Orange-Nassau*, 2ᵉ série, p. 23 et suiv.). — Il existe aussi une relation de cette même bataille par le Ch. François Vere (Ap. p. Bor, *De Nederlansche historien*, t. IV, *Appendice*, nᵒ 3 à 14).

3. Lapise, *Histoire des princes et de la principauté d'Orange*, in-f°, p. 684. — Commelyn, *Histoire de la vie et actes mémorables de Fré-*

Il resta, et Chastillon applaudit, pour sa part, à l'énergique résolution de son cousin.

Tous deux, quelque jeunes qu'ils fussent encore, eurent, à raison de leur caractère fortement trempé et de leur réelle bravoure, le privilège de faire partie d'un groupe d'officiers d'élite et de divers seigneurs que Maurice de Nassau, lors du règlement de son ordre de bataille à Nieuport, retint auprès de lui, soit pour les lancer d'un moment à l'autre dans telle ou telle direction, soit pour porter avec eux un coup décisif.

La flotte néerlandaise venait, sur l'ordre de Maurice, de prendre le large, et dès lors les troupes, restant à terre acculées au rivage [1], n'avaient, selon l'expression familière de leur chef, d'autre alternative que celle, ou de combattre à outrance et de vaincre, ou de boire l'eau de la mer [2].

Maurice ayant résolument pris les dispositions que les circonstances lui commandaient, se mit en mouvement. « En bon général, il voulut estre partout et n'estre attaché » à rien, n'ayant près de soy que trois cornettes pour toute

déric-Henry, *prince d'Orange*. Amsterdam, 1656, in-f°, p. 4. — Lettre, du 20 juillet 1600, du comte Ernest-Casimir au comte Guillaume-Louis de Nassau, ap. Groen van Prinsterer, *Corresp.*, 2e série, t. II, p. 39.

1. Parmi ces troupes figurait un corps de combattants *français*, dont un ancien écrit nous fait connaître la composition. Il y est dit : « Il y » avoit deux bataillons de *Françoys*, commandés par le sieur de Dom- » marville, comme lieutenant-colonel du sieur (Odet) de Lanoue, ès quels » il y avoit la compagnie dudit sieur de Lanoue; celle de Rocques, com- » mandée par son lieutenant; celle de Dassan, commandant au second » bataillon; celle de La Simendière, de Marischotz, de Hamelot, de » Brosse, de Corinières, commandée par le lieutenant, ledit Corinières » ayant esté tué devant le fort d'Albertos, celle de du Fort de Formentière, » de Verneuil et du Pont-Aubert, faisant ensemble douze enseignes. » *La Nouvelle Troye, ou mémorable histoire du siège d'Ostende*, par Henri Haestens. Leyde, 1615, in-4°, p. 16.)

2. Em. de Meteren, *Histoire des Pays-Bas*, traduit du flamand en français. 1 vol. in-f°, 1618, p. 482.

» réserve, avec le prince *Henri-Frédéric*, son frère, Jean-
» Adolphe, duc d'Holsace, frère du roy de Danemark, Jean-
» Ernest, prince d'Anhalt, les comtes Frédéric, Albert-Otto
» et Guillaume de Solms, le *comte de Coligny*, petit-fils du
» grand amiral, Justin de Nassau, frère naturel du prince,
» les milords Gray, Drowery, et autres seigneurs qui l'a-
» voient suivi en cette expédition, pour la seule réputation
» d'avoir obéi à un tant renommé capitaine [1]. »

Détachés du groupe dont il s'agit, les deux cousins se
jetèrent dans la mêlée, y déployèrent un courage remarquable et rallièrent finalement Maurice de Nassau, alors
que celui-ci, « le pistolet à la main, à la tête d'un rang de
» princes et de grands seigneurs, avec environ cinq cents
» chevaux, prit les ennemis en flanc, et combattit, ainsi
» que ceux qui l'accompagnoient, avec tant d'ardeur, qu'en
» moins de rien tout fut terrassé, escarté ou prisonnier [2]. »

Un membre de la famille de Nassau, qui lui-même fit
preuve de grande valeur, atteste, en ces termes, la belle conduite des deux jeunes cousins à la bataille de Nieuport [3] :

« Le jour de cette bataille, Mgr le comte Henry a si long-
» temps prié à mains jointes, qu'à la fin a obtenu de demeu-
» rer auprès de monseigneur son frère, lequel nullement il
» n'a voulu abandonner, mais l'a suivi, armé de toutes
» pièces, tout ce jour de la bataille, et bien passé de
» hasards avec luy. *Aussi a faict M. de Chastillon*, à qui
» ne manque de courage. »

1. Lapise, *Histoire des princes et de la principauté d'Orange*, p. 685.
— Em. de Meteren, *Histoire des Pays-Bas*, p. 480. — H. Haestens, *La
Nouvelle Troye*, etc., p. 16. — *Les Lauriers de Nassau*, Amsterdam,
1624, in-f°, 2ᵉ édit., p. 221.

2. Lapise, *loc. cit.*, p. 687.

3. Lettre, du 20 juillet 1600, du comte Ernest-Casimir au comte Guillaume-Louis de Nassau (ap. Groen van Prinsterer, *Corresp. de la maison
d'Orange-Nassau*, 2ᵉ série, t. II, p. 39).

On rapporte [1] qu'à l'issue de la bataille, Maurice descendit de cheval, et que, les larmes aux yeux, il s'écria d'une voix assez forte pour être entendue de tous ceux qui l'entouraient : « O Seigneur ! qui sommes-nous, pauvres et misérables pécheurs, pour qu'il te plaise nous accorder » aujourd'hui un tel bonheur, à la gloire de ton nom ? Que » grâces t'en soient rendues à jamais ! »

On ajoute que, si la nuit survenant n'eût empêché Maurice de réunir immédiatement sur un seul point ses troupes encore disséminées, il eût prescrit que toutes aussi rendissent grâces à Dieu.

Dès le lendemain, en sa présence et en celle de tous les chefs et seigneurs qui avaient combattu avec lui [2], eut lieu, en l'église d'Ostende, un service solennel, dans lequel le digne ministre Jean Wtenbogaert [3] se rendit l'interprète des sentiments d'humilité et de gratitude qui, sous le regard de Dieu, animaient tous les cœurs.

Aussitôt après les états généraux prescrivirent la célé-

1. Em. de Meteren, *Histoire des Pays-Bas*, p. 483. — Lapise, *Hist.*, *loc. cit.*, p. 689.

2. L'un de ces seigneurs écrivit alors : « On ne peut dire autrement, » sinon qu'on a veu, à l'œil, que Dieu a combattu pour nous... Le soir, » on a logé au champ de bataille, et le lendemain Son Excellence a fait » marcher son camp vers Ostende, pour rafraischir son armée et donner » ordre aux blessés. Aussitôt qu'on y est arrivé, on est allé rendre grâce » au bon Dieu de ceste si solennelle et glorieuse victoire. » (*Relation de la bataille de Nieuport*, par le comte Louis Gunther. Ap. Groen van Prinsterer, *loc. cit.*, 2º série, t. II, p. 23 et suiv.) — Voir à l'*Appendice*, nº 14, une lettre écrite au comte Louis Gunther par le comte Guillaume-Louis de de Nassau, en juillet 1600.

3. « En l'assistance solennelle des estats et des chefs de l'armée, fu- » rent rendues grâces à Dieu d'une telle victoire, si inespérée, procédée » de sa main seule, comme le ministre Wtenbogaert le sceut bien déduire » en son sermon. » (J.-F. Le Petit, *La Grande Chronique de Hollande*, *Zéelande*, etc., t. II, p. 765. — H.-C. Rogge, *Johannes Wtenbogaert en ziju Tijd*. Amsterdam, 1874, in-8º, Eerste Deel, p. 155 et suiv.)

11

bration d'un jour de jeûne et d'actions de grâces dans l'étendue de chacune des provinces unies.

Ce furent là de pieuses et grandes scènes, auxquelles s'associa, du fond de l'âme, Chastillon, en qui revivaient les sentiments de profonde gratitude envers Dieu que son aïeul et son père avaient constamment manifestés.

Ces scènes, malheureusement trop rares dans l'histoire des vainqueurs, avaient été précédées d'autres scènes également émouvantes, au sein desquelle Wtenbogaert s'était, comme toujours, montré à la hauteur des devoirs de son saint ministère [1]. En voici la simple indication [2] :

Tandis que Maurice de Nassau, suivi de près par la masse des forces ennemies qui allaient l'assaillir, marchait vers Nieuport, les délégués des états généraux des Provinces-Unies venaient de se réunir à Ostende pour parer aux exigences de la situation [3].

En même temps qu'eux, se trouvaient dans cette ville divers ministres de l'Évangile affectés au service de l'armée néerlandaise, et parmi eux, Wtenbogaert, habituellement attaché, depuis lors, à la personne de Maurice de Nassau dans le cours de ses campagnes.

1. Voir *Appendice*, n° 15.

2. Em. de Meteren, *Histoire des Pays-Bas*, p. 483.

3. Ces délégués expressément chargés « de se tenir à proximité du
» prince Maurice et de l'assister de leurs conseils, ainsi que des choses
» nécessaires, étaient Jacob d'Egmont, sieur de Wesenbourg ; Jean
» d'Olden Barnvelt, sieur de Tempel, avocat de Hollande ; Jacob Huy-
» ghens, Van der Dansen, bourgmestre de Delft ; maistre Nicaise Sille,
» docteur ès deux lois, pensionnaire d'Amsterdam et conseiller d'Estat ;
» maistre Jean de Santen, conseiller et pensionnaire de Middelbourg ;
» Ferdinand Allamand, Nicolas Janssen, Hubert, bourgmestre de Zirick-
» sée ; le sieur Gérart de Renessé, le sieur Van der Aa, maistre Abel
» Franckens, docteur ès deux lois ; Egbert Alberda, bourgmestre de Gro-
» ninghe, et le greffier Corneille d'Aerssens, » (Em. de Meteren, *Histoire des Pays-Bas*, p. 483.)

Voulant, au nom de tous, aller prendre les ordres de ce prince, Wtenbogaert sortit d'Ostende ; mais vainement tenta-t-il de parvenir jusqu'à lui à travers les lignes ennemies.

Contraint de rentrer dans la ville, il réunit, à l'issue du prêche, ses collègues, et pria avec eux pour le salut de la patrie et de l'armée. Bientôt, à l'ouïe d'un feu de mousqueterie qui lui prouvait que la bataille était engagée, il se rendit avec les autres ministres auprès des délégués des états généraux, et les pressa de convoquer le peuple à une assemblée de prières en faveur des défenseurs de la patrie ; les délégués répondirent à ses instances, et d'ardentes supplications s'élevèrent vers le ciel [1]. Elles ne cessèrent qu'au moment où l'on apprit, à Ostende, que Maurice était vainqueur. Aux supplications succédèrent immédiatement de chaleureuses actions de grâces.

1. « Messeigneurs les estats et autres gens de bien, en Ostende, se » trouvèrent en grande perplexité. Comme en telles extrémités, il n'y a » point de meilleur remède, quand les moyens humains semblent dé- » faillir, que de prendre son refuge au Seigneur des armées, voilà pour- » quoi messeigneurs les estats, avec ceux de leur suite, et plusieurs » autres qui estoient là présents, se retirèrent en la chambre où ils s'as- » sembloient, et, après que le ministre Wtenbogaert eût fait une prière » à Dieu, pour la conservation de la personne de Son Excellence et des » autres seigneurs et capitaines qui estoient avec luy, et semblablement » pour toute l'armée, on recommanda le tout à Dieu, en attendant une favorable issue. » (*Les Lauriers de Nassau*, p. 219. — Voir aussi Pieter Bor, *De Nederlansche historien*, in-f°, t. IV, p. 631 et suiv., année 1600.)

CHAPITRE VIII

Henri de Coligny est, sur la proposition de Maurice de Nassau, nommé par les états généraux, en remplacement d'Odet de Lanoue, colonel du régiment français. — Il réorganise ce régiment. — Siège de Rynsberck. — Maurice y assigne à Henri de Coligny un poste d'honneur, qu'il occupe dignement. — Henri est blessé dès la première des sorties successives de l'ennemi, qu'il repousse toutes. — Maurice de Nassau le charge d'introduire un renfort dans Ostende, assiégée par les Espagnols. — Henri de Coligny pénètre avec ses troupes dans cette place.

Un début tel que celui de Chastillon à la bataille de Nieuport constituait un heureux présage. Aussi, à quelque temps de là, Maurice de Nassau saisit-il avec empressement l'occasion qui s'offrit à lui d'affermir la naissante carrière de ce jeune Français, n'ayant encore, il est vrai, que dix-sept ans et demi, mais dont il appréciait la rare capacité et l'insigne valeur.

En conséquence, il proposa aux états généraux [1] sa promotion à un commandement important, que cessait alors d'exercer un officier français des plus distingués, Odet de Lanoue, fils du vaillant de Lanoue, surnommé *Bras de Fer* [2].

La proposition du chef de l'armée fut favorablement ac-

1. Voir sur les attributions des états généraux des provinces unies des Pays-Bas *Appendice*, n° 16.

2. Sur les causes qui motivèrent la cessation d'exercice de ce commandement, et sur la nomination de Chastillon, en remplacement d'Odet de Lanoue, voir le 3ᵉ volume, page 20, du Journal d'Antoine Duyck, avocat fiscal au conseil d'État, dont le manuscrit (texte hollandais, conservé à la bibliothèque royale de La Haye) a été publié par ordre du département de la guerre, avec introduction et notes, par M. Louis Mulder, La Haye, 1866.

cueillie par les états généraux, ainsi que le prouvent les extraits suivants de leurs *résolutions* officielles [1] :

Séance du 13 janvier 1601. — « A été arrêté, sur l'avis » émis par Son Excellence, qu'on donne au sieur *de Chas-* » *tillon* le régiment françois, en la place du sieur de La- » noue. Il est jugé opportun de laisser aux capitaines dudit » régiment leurs compagnies, conformément aux commis- » sions à eux accordées. Ces compagnies devront être ren- » forcées de François véritables, bons, capables et virils » soldats ; et cela, au sû des magistrats des places dans les- » quelles elles tiennent garnison. »

Séance du 18 janvier 1601. — « Le seigneur de » *Chastillon* a prêté serment, en qualité de colonel du » régiment françois. »

Le nouveau colonel s'occupa avec activité de la réorga- nisation de son régiment, dont les cadres étaient défectueux. Il prit soin de les compléter, afin que ce corps de troupes, solidement constitué désormais, fût promptement en état d'entrer en campagne. Sa sollicitude, à cet égard, ressort nettement du texte de la *Résolution* suivante des états généraux :

Séance du 27 février 1601. — « Vù la requête du seigneur » de *Chastillon*, il a été décidé de lui donner satisfaction, » en l'employant au service du pays. En conséquence, » attendu que les compagnies colonnelles des troupes étran- » gères, employées audit service, ont toutes deux cents » hommes, ledit seigneur de *Chastillon* est autorisé à » augmenter sa compagnie de soldats bons et bien qualifiés, » jusqu'au nombre de deux cents. »

Chastillon mit promptement à profit l'autorisation qui lui fut ainsi conférée. Le résultat de ses efforts pour la complète

---

1. Archives générales du royaume de Hollande.

réorganisation de son régiment tourna au bien général de
l'armée, à la tête de laquelle Maurice de Nassau allait
reprendre la lutte contre les forces espagnoles.

Il s'agissait alors d'une opération ardue, en d'autres
termes, du siège de Rynberck à entreprendre dans des circonstances qu'une intéressante correspondance échangée entre
le prince et le comte Guillaume-Louis de Nassau nous révèle.

Le premier de ces hommes de guerre écrivait au second,
en mai 1601[1] :

« Je n'ay peu laisser de vous advertir, par ce mot, que
» la royne d'Angleterre a fait offre à messieurs les estats
» généraux de quatre mille hommes pour quatre mois de
» temps, à conditions bonnes et honnestes, comme je vous
» en advertiray plus particulièrement cy-après; mais que
» Sa Majesté n'entend pas que les susdites troupes soyent
» employées autre part qu'aux quartiers de Flandres, et
» nommément pour prendre et démolir les forts qu'il y a à
» l'entour d'Ostende ; et, comme je sçay bien qu'il n'y a pas
» d'apparence que l'on puisse effectuer aulcune chose en
» ces quartiers, n'est que l'ennemi se soit premièrement
» retiré de là, par quelque diversion, les susdits seigneurs
» estats sont en délibération que je vienne assiéger Ryn-
» berck, estimant que, cela advenant, l'ennemy vouldra
» secourir les assiégés et quitter la Flandre, et que, par
» ce moyen, lesdits Anglois pourront parvenir à leur (desti-
» nation)..... ; et d'aultant que je tiens pour seur que la
» pluspart desdits estats inclinera à ce que je me mets
» devant Rynberck, et que, pour ce faire, je ne pourray
» mettre en campagne plus haut qu'environ quatre-vingts
» compagnies d'infanterie, estant (desduits) ces susdits deux
» régiments des Anglois, je vous ay bien voulu prier, par

1. Groen van Prinsterer, *Corresp.*, etc. 2ᵉ série, t. II. p. 80.

» cet homme exprès, de me faire part de vostre conseil sur
» ce faict, et si vous estes d'advis que je l'entreprenne, et
» mesme me mander avec combien de compaignies vous
» me pouvez venir trouver..... j'estime, si l'on doibt entre-
» prendre chose semblable, que le plus tost sera le meilleur. »

Guillaume-Louis répondit aussitôt[1] :

« Monseigneur, j'ay entendu avec grande joye la bonne
» volonté de la royne touchant un extraordinaire secours
» de quatre mille hommes; mais (sur) la délibération de
» messieurs les estats d'entreprendre alors la guerre en
» deux places ensemble et séparer les forces, d'autant que
» Vostre Excellence en demande mon opinion, il faut que
» je die sincèrement qu'icelle me semble fort estrange, car
» les meilleurs capitaines se sont souventes fois ruinez par
» séparation, et sans parler de nos erreurs passez, qui nous
» doibvent rendre plus sages, nous voyons par expérience
» que nostre ennemi, quoique secondé d'une bourse et
» moyens royaux, et poussé d'un désir extrême de nous
» attaquer à deux costés, ne l'a peu jamais mettre en œuvre,
» tant moins nous le devons entreprendre, si nous con-
» sidérons bien les fondemens de nostre estat, qui veulent
» que nous procédions par fermes raisons de guerre, et que
» ne donnions à l'ennemy, entre ses mains, si belle occasion
» et moyen propice pour restaurer et recouvrer tout à coup
» sa réputation perdue, en se jettant avec toutes ses forces
» sur une partie des nostres, etc. »

Maurice, ayant annoncé à Guillaume-Louis que le siège
de Rynberck était décidé, le comte s'empressa de lui
mander[2] :

« Monseigneur, après avoir répondu devant hier à la lettre
» de Vostre Excellence, touchant la délibération d'aller

1. Groen van Prinsterer, *Corresp.*, etc., 2ᵉ série, t. II, p. 81 et suiv.
2. Groen van Prinsterer, *Corresp.*, etc., 2ᵉ série, t. II, p. 84.

» devant Berck, j'entends, à cette heure, par la seconde, que
» la résolution en est déjà prise, comme je soupçonnay de
» moy mesme, sitost que j'ay leu la première. Et combien
» que les raisons et maximes fondamentales de guerre m'ont
» contraint de conseiller ce que j'ay écrit, sans m'arrester
» sur les faultes de l'ennemy, puisqu'il ne tient qu'à lui de
» s'en garder et suivre le plus salutaire conseil, si est ce que
» je ne laisse pourtant d'espérer que Dieu bénira ce dessein
» et donnera à Vostre Excellence bon événement; car
» j'attends la même facilité en l'exécution, laquelle sans
» doute on s'est promise en la délibération. Et quant à moy,
» je m'esvertuerai de seconder Vostre Excellence au
» possible, estant résolu, avec la grâce de Dieu, de me
» mettre en chemin, etc. »

Le comte reçut alors de Maurice l'avis suivant[1] : « Je vous
« ay escript comme messieurs les estats généraux avoient
» résolu que je mettray le siège devant Rynberck..... je me
» trouverai, le sixième de juin à Arnem, pour de là m'ache-
» miner vers la ville de Rynberck devant laquelle je suis
» résolu de me trouver le dixième ou douzième du mois, au
» plus tard; et pourtant je vous prie très affectueusement,
» si vos commoditez le peuvent aulcunement permettre,
» qu'il vous plaise de me venir trouver, en personne, à
» ladite ville d'Arnem, le 6 de juin, afin que de là nous
» puissions aller ensemble. »

Ces préliminaires réglés, Maurice partit de La Haye et
arriva rapidement sous les murs de Rynberck, ayant avec
lui Chastillon et son infanterie.

Le siège de la place commença, et, dès son début, Maurice
confia à Chastillon un poste d'honneur, celui de la défense
des tranchées, en cas de sorties opérées par l'ennemi.

1. Groen van Prinsterer, *Corresp.*, etc., 2ᵉ série. t. II, p. 86.

Voici comment le jeune colonel justifia la confiance de son chef :

« Le 20 juin, rapporte Duyck, dans son Journal[1], le temps
» étant assez favorable, les ennemis, au nombre d'environ
» huit cents hommes, passèrent par l'une des portes, pour
» forcer la tranchée qu'on avait commencée là ; et, sortant
» des corridors avec furie, ils cherchèrent à surprendre
» nos gens. Les sapeurs qui étoient au travail, et quelques
» sentinelles, abandonnèrent la tranchée ; il en résulta une
» si grande confusion, que plusieurs soldats placés à
» proximité du corps de garde commencèrent à reculer.
» Ferme à son poste, *le seigneur de Chastillon* arrêta les
» ennemis, et, semant le désordre dans leurs rangs, les mit
» en fuite. Après s'être reformés sous les murs de la ville,
» ils revinrent trois fois à la charge, en s'avançant jusqu'au
» corps de garde ; mais ce fut sans succès, car ils ne purent
» entamer la troupe à la tête de laquelle se tenoit *Chastillon* :
» il les contraignit à la retraite, qu'ils pûrent, du reste,
» opérer en assez bon ordre.

» Cette sortie dura plus d'une demi-heure. Des deux parts
» furent tirés de nombreux coups de feu. Il fut tué, du côté
» des nôtres, plus de vingt hommes, parmi lesquels le lieu-
» tenant de Pomerède, et un riche gentilhomme françois,
» nommé Delabarre.

» Il y eut cinquante hommes blessés. De ce nombre fut
» *le seigneur de Chastillon*, atteint à la cuisse[2]. »

1. Vol. III, p. 76.
2. Lettre du comte Jean-Ernest au comte Jean de Nassau, du 20 juin 1601
(ap. Groen van Prinsterer, *Corresp.*, 2ᵉ série, t. II, p. 94). Il disait :
« Monseigneur mon père grand, je vous ay fait savoir comme Son Ex-
» cellence avoit assiégé la ville de Rhinbeck. L'ennemi depuis a fait trois
» ou quatre sorties du costé où sont logés le comte de Solms et le comte
» Ernest, mon oncle, estant fort, à chaque fois, de huit ou douze cents
» hommes. A la première sortie, fut blessé M. de *Chastillon*, colonel du

Lapise, en quelques mots significatifs, rend un juste hommage à la belle conduite de Chastillon et à celle de son infanterie, dans cette circonstance : « Les assiégeans, » dit-il[1], ne quittèrent jamais leurs postes; et, en trois sor- » ties consécutives, les gardes des lieux les plus chauds se » trouvèrent échues *à nos François*. Là fut blessé le sei- » gneur *de Chastillon*, digne petit-fils de ce grand admiral » de France, et les siens ne manquèrent pas de rendre des » témoignages de la générosité de leur nation. »

Rynberck se rendit à Maurice.

Henri IV, qui s'intéressait vivement aux opérations de ce prince, écrivit alors au connétable de France[2] :

« Je vous mandois par ma dernière comme nous estions » en grande expectative dessus deux siéges qui se font en » Flandres. Nous sommes maintenant éclairés de celui de » Rambergues (Rynberck) que le prince Maurice a prins » par composition; et est à présumer que celui d'Ostende, » que fait l'archiduc, luy en deviendra plus difficile et in- » certain, et que ledict prince Maurice y amènera tout ce » qu'il avoit devant ledict Rambergues, ou qu'il assiégera » quelque aultre place, pour faire une diversion ; n'estant » pas ceulx de ladite ville d'Ostende fort pressez, parce qu'ils » tiennent encore tout le dehors, et y peuvent mettre tant » de gens qu'il leur plaira, la royne d'Angleterre y ayant » envoyé, de sa part, trois mille Anglois. »

Heureux d'avoir, par sa ferme attitude devant Rynberck contribué à la reddition de cette place, Chastillon ne se préoccupa que médiocrement de sa blessure.

« régiment françois... Nous espérons, par la grâce de Dieu, d'avoir la ville » en bref. » — Voir aussi, sur la part brillante que Chastillon prit à l'affaire de Rynberck, Wagenaar, *Vaderlansche historien.* Amster- dam, 1752, vol. IX, p. 105.

1. Lapise, *Histoire des princes et de la principauté d'Orange*, p. 694.
2. *Lettres missives de Henri IV*, t. V, p. 450, 13 août 1601.

A peine en fut-il guéri, qu'il prit part à quelques opérations secondaires, dirigées par Maurice de Nassau, en vue
d'une concentration d'efforts destinés à assurer la défense
d'Ostende, qu'assiégeait l'armée espagnole [1]; après quoi,
Maurice, qui, de jour en jour, appréciait davantage le mérite du jeune colonel de l'infanterie française, lui accorda,
sur sa demande, et de concert avec les états généraux,
une insigne faveur : celle d'introduire un renfort dans la
ville assiégée, et de participer à sa défense.

Chastillon, qu'une telle mission honorait à un haut
degré, ne tarda pas à s'en acquitter avec un plein succès,
qui en faisait présager d'autres encore; car, que ne pou-
vait-on pas attendre de ses remarquables aptitudes militaires et de son énergie?

Divers détails intéressants se rattachent, ici, à ses rapports directs avec Maurice de Nassau, avec les états généraux des Provinces-Unies, peu avant son départ pour Ostende, et à sa marche vers cette ville.

Et d'abord, quant à l'autorisation, demandée à Maurice
par Chastillon, de pénétrer dans Ostende et de concourir à
sa défense, voici le témoignage, non suspect, d'un officier
espagnol [2] :

« Il est à considérer que le sieur de Chastillon, person-

1. A quelque temps de là, certains assiégés, amis de plaisanteries, d'un
goût plus que douteux, crurent ne pouvoir mieux prouver leur attache-
ment à Guillaume de Nassau et le dédain que leur inspiraient les Espagnols, qu'en narguant ceux-ci et leur chef par la dissémination dans le
camp de l'archiduc, du pasquil suivant :

> « Je, Ostende, *Ostendo* que ne suis point papau.
> » Toy, Ostende, *Ostendis* que tu es pour Nassau.
> » Ceste Ostende, *Ostendit* son très constant visage.
> » Nous Ostendois, *Ostendimus* qu'avons très bon courage. »
>
> (HAESTENS, *La nouvelle Troye*, etc., p. 191.)

2. Bonours, auteur d'une relation du siège d'Ostende, dont il sera
parlé ci-après.

» nage de qualité relevée, en âge vif, remuant et actif,
» d'une nature peu accoutumée à craindre son ennemi, eût
» acheté la gloire d'une semblable action, au prix de mille
» vies. Il avoit, à tout reste, sollicité le comte Maurice pour
» estre envoyé en Ostende. »

En outre, on lit dans le recueil des *Résolutions* des états
généraux [1] :

Séance du 15 août 1601. — « Devant Dordrecht sont ar-
» rivés de l'armée deux mille soldats, qui partiront demain
» pour Ostende, et qui, en Zélande, seront pourvus de na-
» vires pour être immédiatement transportés.

» Sur la demande du seigneur de Chastillon, tendant à
» ce qu'il lui soit permis de se rendre à Ostende avec les
» deux mille soldats dont il s'agit, à titre de leur comman-
» dant, sous les ordres du général Veer [2], il est résolu qu'on
» lui répondra : qu'on ne l'auroit pas employé pour cette
» opération, s'il ne s'estoit pas présenté pour en faire la de-
» mande ; mais que les seigneurs estats, ayant égard à ses
» instans désirs, n'ont pas voulu lui refuser cet honneur.

» A ces causes, ils donnent leur plein consentement à ce
» qu'il parte pour Ostende avec lesdites troupes, à la charge
» par lui de les commander et employer conformément aux
» ordres que lui donnera le général Veer. Il sera tenu de
» sortir de ladite ville, seul, ou à la tête desdites troupes,

1. Archives générales du royaume de Hollande.
2. « Le prince Maurice ayant eu advis du siége d'Ostende, Son Excel-
» lence (Maurice de Nassau) y envoya aussitôt, le 9 juillet 1601, de son
» camp, le général et chef des Anglois, le sieur François Veer, avec
» douze enseignes de sa nation, et le colonel Uchtenbrouck, avec sept
» enseignes de soldats des Pays-Bas, et quelques autres, jusques à trente-
» quatre enseignes, lesquels arrivèrent tous ensemble, et entrèrent dans
» la ville, le 15 juillet. — Les assiégez attendoient aussi, journellement,
» d'Angleterre quatre mille Anglois, il en arriva quinze cents, le 23 juil-
» let. » (H. Haestens, *La Nouvelle Troye, ou mémorable histoire du siége
d'Ostende*, p. 104.)

» sur l'injonction que jugeroient à propos de lui notifier
» messieurs les estats, Son Excellence, ou les conseillers
» d'Estat. »

De son côté, Antoine Duyck, dans son Journal [1], fournit, sur le point dont il est question, en ce moment, quelques détails complémentaires :

« Le 13 (15) août, écrit-il, Son Excellence (Maurice de
» Nassau) donna ordre à deux mille hommes de partir, et
» trouva bon qu'ils se missent en marche, sous le comman-
» dement du seigneur de Chastillon, qui avoit un extrême
» désir de pénétrer dans Ostende. On choisit six compa-
» gnies de François, quatre de Frisons, cinq d'Allemands,
» quatre d'Ecossois et quatre de Wallons. Le seigneur de
» Chastillon ayant massé ses troupes devant Dordrecht, et
» les y ayant fait embarquer, les laissa momentanément,
» pour se rendre à La Haye, auprès des estats généraux,
» dont il devoit prendre les ordres [2].

» Le soir de ce jour (15 août) le seigneur de Chastillon partit de La Haye pour rejoindre ses troupes et se diriger, avec elles, vers Ostende [3].

» Le 16 août, il partit de Dordrecht pour la Zélande [4].

» Ce jour (22 août), le seigneur de Chastillou et ses
» vingt-trois compagnies arrivèrent devant Blankenberghe [5].

» Le 23 août, le seigneur de Chastillon et ses troupes
» arrivèrent devant Ostende [6].

1. *Journal van Anthonis Duyck, advokaat fiskaal van den Raad van State*, 1601-1602. Uitgegeven op last van het Departement van Oorlog, met inleiding en Aantuberingen door Loduvigh Mulder. — 'sGraven-hage, 1866, 3 vol. in-4°.
2. *Ibid.*, Deerde Deel, p. 128.
3. *Ibid.*, p. 129.
4. *Ibid.*, p. 130.
5. *Ibid.*, p. 137.
6. *Ibid.*, p. 137.

» Le 24 août, le seigneur de Chastillon entra dans Os-
» tende, et, quoique les gouverneurs prétendissent avoir
» assez de troupes, et ne désirassent aucune augmenta-
» tion de garnison, il finit par leur faire accepter les six
» compagnies de soldats françois. Les dix-sept autres
» compagnies furent, le jour même, renvoyées en Zé-
» lande [1]. »

1. *Journal van Anthonis Duyck*, Deerde Deel, p. 138.

CHAPITRE IX

Laissons ici parler, au sujet de la présence de Chastillon
à Ostende, et de l'ascendant qu'il y exerça, un officier qui
appartenait à l'armée assiégeante. Son impartial témoignage
est d'autant plus précieux à recueillir, qu'il contient un
éclatant hommage rendu au caractère et au mérite du
jeune colonel français.

Or, voici comment s'exprime Christophe de Bonours
« membre du conseil de guerre et capitaine entretenu de
» Sa Majesté catholique, » dans son histoire du siège
d'Ostende[1] :

« L'un des fameux secours qui entrèrent là-dedans fut
» celui qu'amena du siége de Rhinsberg le sieur de Chas-
» tillon, chef et colonel général des François en l'armée
» des estats; ce qui fut environ le commencement de sep-
» tembre. Ce secours ou renfort de gens estoit composé de
» la fleur de ceux de sa nation, servant au party rebelle,
» d'Escossois, Wallons et Allemands, tant hauts que bas.
» Ce jeune seigneur, de l'illustre maison de Colligny,
» proche alliée à celle de Nassau, laquelle, comme on sçait,

1. *Le mémorable siége d'Ostende décrit et divisé en douze livres*, par
Christophe de Bonours, du conseil de guerre et capitaine entretenu de
Sa Majesté. 1 vol. in-4°, Bruxelles, 1626, p. 186 et suiv.

» est adorée par l'Holandois, en la personne du comte
» Maurice, portoit grande authorité quant et soy. En outre
» de tout cela, il estoit en belle réputation, à cause de
» mainte louable partie qu'il possédoit, surtout en la
» profession des armes, où sa suffisance, composée d'un
» meur jugement, en un âge verd, et d'un ardent courage
» en un corps bien complexionné, le rendoit parallèle aux
» plus vieux et expérimentés capitaines du temps.

» Sa bienvenue fut là-dedans doublement applaudie, tant
» parce qu'il estoit aimé des soldats, que pour autant qu'on
» croyoit, en l'honorant, faire chose agréable aux estats,
» auprès desquels le nom de sa famille estoit en révérence,
» à cause de la conformité de religion et des grands ser-
» vices receus.

» Lui, plein d'un sang bouillant et d'un esprit relevé en
» ambition d'honneur et de renommée pardessus le commun,
» après avoir esté, quelques jours, entre les murs assiégez,
» considéré les choses faites et à faire, se souvint d'avoir
» donné parole au comte Maurice et aux estats, à son par-
» tement dernier d'auprès d'eux, qu'il mourroit sur le
» dessein, ou leur témoigneroit par quelque action digne
» du sentiment de leur bienveillance, combien il en portoit
» l'obligation près du cœur.

» On voyoit qu'il sentoit un contentement particulier de
» se voir là, disant, à chaque propos, qu'il avoit tousjours
» ardemment souhaité de se pouvoir trouver à la deffense
» d'une place assiégée par un camp royal tel qu'estoit
» cettuy-cy. L'occasion de retirer le gage de sa promesse
» luy semble favorable, et son souhait à terme d'estre cou-
» ronné d'effet; se voyant là-dedans chéry, respecté et
» honoré au possible. Son jeune courage, tressaillant de
» généreuse gratitude et d'insatiable désir de gloire, résout
» tost d'esclore ce qu'il avoit longuement couvé. »

Quoi de plus frappant que cet éloge de Chastillon, tracé par un officier ennemi ! Le langage de cet écrivain militaire est bien celui que pouvait tenir un homme qui connaissait à fond le jeune héros duquel il parlait, et qui se faisait un devoir d'honorer hautement ce qu'il y avait en lui de grand, de chevaleresque, de généreux. S'exprimer en de tels termes sur un adversaire, c'était s'honorer soi-même et se concilier l'estime générale. Cette estime doit, aujourd'hui encore, à plus de deux siècles de distance, être accordée, sans réserve, à Christophe de Bonours.

Attachons-nous maintenant, à la partie de sa relation du siège d'Ostende qui dépeint l'activité déployée par le petit-fils de Coligny, dès son arrivée dans cette ville, à la défense de laquelle il désirait ardemment concourir.

« Se trouvant donc, un jour, rapporte C. de Bonours [1],
» entre les chefs principaux des nations, qu'on qualifiait
» là-dedans colonnels, il leur communiqua le dessein prin-
» cipal qui l'avait là amené, autant pour en recevoir assis-
» tance, que conseil ou avis.

» Il leur dit que, dès le jour qu'il estoit entré léans, con-
» sidérant toutes choses par le menu, il trouvoit que la ville
» estant estroite au logement de tant de gens, cela les
» tenoit pressez et incommodez, donnant aux coups de
» canon prise plus assurée [2], et accez et occasion aux ma-
» ladies : outre, qu'à cause de la multitude, partie des
» troupes se trouvoient inutiles, au préjudice de la saison
» qui s'alloit escoulant, et de la réputation des estats, qui,

1. *Loc. cit.*, p. 187.

2. « L'ennemy tiroit continuellement dans la ville, voire plus qu'on
» n'a jamais faict en aulcune ville assiégée ; de sorte que, tous les jours,
» beaucoup de gens estoient tuez... Le comte *de Chastillon*, qui estoit
» un fort beau, grand et valeureux seigneur, estoit dans Ostende, com-
» mandant aux François. » (*Les Lauriers de Nassau*, p. 245.)

13

» avec une armée victorieuse, sembloient n'oser franchir les
» limites des remparts d'une ville ceinte de quelques régi-
» mens espagnols et de quelques tranchées assez mal com-
» posées ; que par ainsi il trouvoit convenir en raison, que,
» se servant opportunément de ce grand nombre d'hommes
» my-inutiles, avant que les fièvres et autres maladies com-
» mençassent à les accabler et dymer, on travaillast plus
» souvent l'assiégeant par continuelles et fortes saillies ;
» estant surtout bien averty que son camp se trouvoit di-
» minué de moitié.

» Il alléguoit l'avantage que pouvoit attendre l'Holandois
» de l'artillerie de son rempart, dominant partout à l'en-
» tour, chose qui n'estoit pas à négliger ; que ce qui estoit
» là-dedans, surtout les François, Anglois et Escossois, se
» plairoient mieux à semblables exercices que non pas à
» croupir oisifs, ou tant seulement occuper leurs forces à
» manier la paële et faire rouler la brouette ; que l'assié-
» geant, jà affoibly d'hommes, par ce moyen empesché et
» reculé en partie de son dessein, seroit engardé de pousser
» plus avant ses approches, attendu qu'il se verroit obligé
» à réparer ce qui estoit desjà fait, pour le conserver en
» assurance ; unique but à quoy devait tendre l'assiégé ;
» que si l'hyver survenoit avant que l'Espagnol touchast au
» rempart, du fer de la sappe, conviendroit, bon gré mal
» gré, en demeurer arrière, tant à faute des hommes, que
» pour le surcroît des eaux et incommodité de la froidure ;
» ce qui concilieroit aux assiégez gloire non pareille, et
» aux assiégeans honte et escorne perpétuelle.

» Il prouvoit par plausibles discours que, pourvu que
» suivant son avis, on se voulust résoudre à conserver sur
» l'Espagnol les tranchées, ou les luy enlèveroit facilement
» par sorties, ou du moins les tenir si longtemps que la
» raison ou le bon conseil, qui se prend sur le fait, persua-

» deroit; obligeant l'Espagnol à les recouvrer par hon-
» neur et réputation : le temps cependant couleroit insensi-
» blement, et les soldats se consumant peu à peu par tant
» de factions, il ne pourroit manquer que le camp de l'ar-
» chiduc ne vînt à se désoler, à vue d'œil. »

Après avoir ainsi émis son avis sur les inconvénients et
les périls de la situation présente des assiégés, Chastillon
insista sur la nécessité d'y mettre un terme. Le meilleur
moyen à adopter pour y réussir était, selon lui, une
sortie générale. Il avait secrètement résolu de l'effectuer ;
mais, dans le premier moment, il s'abstint d'en parler,
parce qu'il ne voulait pas l'imposer aux officiers avec lesquels
il s'entretenait. Plein de ménagements à leur égard, il pré-
féra les amener par une voie indirecte, à reconnaître
l'opportunité de cet énergique mode d'action, et à lui
déclarer qu'ils y étaient tout portés. Sa prudente réserve fut
couronnée de succès ; car ils se prononcèrent spontanément
en faveur d'une sortie générale ; et leur concours lui fut
d'autant plus sérieusement assuré, qu'il procédait d'une
détermination volontaire.

Ces divers point sont clairement mis en relief par la relation de Bonours.

« Chastillon, dit-il[1], proposoit, en premier lieu, comme
» chose non mal aisée, pour les autres expéditions, les deux
» nouveaux redats du comte de Berg, où il entreprenoit
» d'aller en plein jour. A cet effet, estoit-il d'opinion qu'on
» deust envoyer un peu auparavant un bateau artificiel pour
» brusler la faissinade ou damme qui pouvoit communi-
» quer secours d'ailleurs à ceux qui les gardoient. Il soute-
» noit que cela avenant, avec autres pareils effets, rédui-
» sant les affaires de l'archiduc à l'extrème point, en ce

____
1. *Loc. cit.*, p. 188.

» siége, le moindre bruit d'un secours général par terre,
» que le comte Maurice publieroit, feroit, un beau matin,
» disparoître le camp espagnol, et que ce coup se pourroit
» nommer, à bon droit, le triomphe des guerres de Flan-
» dres.

» On dit que quelques-uns des plus apparens de là-dedans,
» notamment Vandernoot et le colonel Veterbrouck, rele-
» vèrent un peu cette opinion, remonstrant le peu de fruict
» qu'avoient apporté les sorties faites, à pareil dessein, par
» le général Veer, et que, main à main, leurs gens n'avoient
» sceu gagner, en telles occasions, sur les nostres, pied de
» terre qu'ils n'eûssent esté contraints de céder incontinent ;
» mais (ajoutant) que, s'il parloit d'une sortie générale sur
» quelqu'un des quartiers, veu qu'on estoit très bien informé
» du petit nombre d'hommes qui avançoit, après que les
» tranchées estoient assorties de leurs gardes nécessaires,
» cela se pourroit utilement conseiller, et qu'à donc seroient-
» ils bien joyeux, considéré l'estime que chacun faisoit de sa
» valeur et le bon augure que les soldats de toutes nations
» prenoient en luy, qu'il en daignât accepter la conduite.

» Chastillon, qui, par les ambages du discours, n'avoit
» tendu qu'à les attirer à cette conclusion, ne marchande
» point à les prendre au mot : ains, acceptant la semonce
» avec remerciement d'affectueuses et courtoises paroles,
» fait voir qu'il ne lui tarde que de réduire le projet à l'exé-
» cution. »

Eclairé par les rapports de divers émissaires sur l'état de
l'armée assiégeante, et assumant sur lui toute la responsa-
bilité d'une attaque vigoureuse à diriger contre le camp
ennemi, « il requiert instamment qu'on luy prépare, sans
» délay ce qui duit à son entreprise, chargeant très volon-
» tiers sur soy tout ce qui en pouvoit advenir : il luy est con-
» cédé par l'aveu de tous ; estimans les plus accorts que, s'il

» en venoit à chef, ce seroit un des plus renommez faits
» d'armes qui eust succédé, de longues années, tant pour la
» conséquence, que pour le bruit, veu qu'un quartier enlevé,
» impossible seroit à l'assiégeant de le remettre sus, avec le
» petit nombre qui se trouvoit aux autres deux ; de sorte qu'il
» conviendroit nécessairement à l'archiduc faire retraite,
» après avoir inutilement consumé le meilleur de l'armée du
» roi et ce qu'avoit fourni la Flandre. »

Tout fut rapidement organisé pour la sortie générale, et
Chastillon se félicitait d'en voir les préparatifs toucher presque à leur fin, lorsqu'ils furent subitement arrêtés par un
douloureux événement qui, frappant de stupeur la population
d'Ostende et principalement ses défenseurs français, mit à
néant tout projet de sortie.

» Commençant déjà, dit C. de Bonours [1], les choses par
» disposition à suivre l'ordre de la proposition, estant le
» sieur de Chastillon sur le Zanthil, accompagné du colonel
» Ustenbroeck, du colonel des Escossois, nommé Broghes,
» des capitaines Montesquieu, de Roques, Pomerade, Has-
» ton, Etoft et Brune, ensemble de quelques gentils hommes
» françois volontaires, ils s'entretenoient de joyeux devis
» sur le sujet de la conqueste future.

» Un railleur, nommé de Fouquemont, dit : « Pour tost
» qu'on puisse commencer, encore est-il à craindre que nous
» n'y allions pas tous ; et tel d'entre nous, qui en discourt
» icy à son aise, s'en entretiendra, par aventure, en l'autre
» monde, avec les Espagnols du camp assiégeant, à belles
» ongles, car, non plus qu'à Gennes, on ne laisse entrer
» personne armé en ceste ville-là. »

» Alors un Holandois, nommé Wandervecht, relevant le
» propos, dit qu'il estoit en peine d'autre chose, à quoy per-

1. *Loc. cit.*, p. 191, 192.

» sonne n'avoit pensé; et s'étant fait presser pour la décou-
» vrir, après avoir ri tout le premier du sentencieux et mé-
» morable apophtegme qu'il alloit cracher, barbari-fran-
» cisa ces paroles : « C'est où nous logerons le cardinal,
» attendant le vent, pour l'envoyer en Holande, si ce n'est
» qu'on le mette en l'église avec sa grande cour. » Il enten-
» doit, par ironie, parler de l'archiduc.

« Ceux de Bruges, repartit un autre, nommé Spries, qui
» ne tarderont pas, après sa prise, d'ouvrir leurs portes à
» messieurs des estats (levant, à ces mots, son chapeau par
» révérence) luy permettront bien de loger encore quelques
» jours en son palais, moyennant dédommagement des frais
» du siége, sur la part qui luy vient de la prochaine flotte
» des Indes. »

» Ce sont icy, sinon les propres termes, du moins la
» substance des propos de ces gens, accoustumez aux bro-
» cards et mépris des princes. »

Ils méritaient une leçon. Ce fut, au moment même
où il venait de la leur donner, que Chastillon cessa de
vivre, ainsi que nous l'apprend C. de Bonours, dans la
continuation de son récit :

« Chastillon, rapporte-t-il, qui les connaissoit de cette
» humeur, souriant froidement à ces Holandois, leur dit :
« Vous vous montrez peu courtois sujets à l'endroit de vostre
» seigneur. L'archiduc n'a aucun droit pareil sur moy; et si,
» me contenterois de prester gratis à Son Altesse le meil-
» leur quartier de mon logis, à condition de l'y pouvoir
» amener. Mais les princes ne se mènent pas si facilement
» en lesse que les levriers. »

» Ces dernières paroles sortans de sa bouche, estant assis
» sur un affust à canon, une bale (un boulet) tirée du Montulin[1],

1. « ...Je vous ay donné advis de la perte que l'on avoit faite à
» Ostende, de M. de Chastillon, qui y fut tué d'un coup de canon *venu*

» luy enlevant toute la partie supérieure de la teste, espandit
» à terre, avec la cervelle de l'entrepreneur, la pensée et
» l'espoir de rien désormais entreprendre de pareil [1]. »

Ainsi succomba, à l'âge de dix-huit ans, au poste du devoir et de l'honneur militaire, le digne descendant de deux héros français, ce noble Henri de Coligny, dont la carrière inaugurée avec un incomparable éclat, mais presque aussitôt brisée, apparaît comme un brillant météore, traversant l'histoire et y laissant après lui une trace lumineuse à laquelle s'attachent avec attendrissement nos regards.

» *à l'improviste.* » (Lettre de B..., adressée de La Haye, le 26 septembre 1601, « à M. de Bongars, estant de la part de Sa Majesté à Francfort. » — Archives générales du royaume de Belgique, Papiers d'Etat et de l'audience, liasse de l'année 1604, n° 377.)

1. C. de Bonours, *loc. cit.* « Les colonels Wtenbroeck et Brughe eurent part au coup, et le sieur *Pouplières*, gentilhomme de la province » de Languedoc, *de qui je tiens le récit de ceste entreprise*, fut blessé à » un bras. » — E. de Meteren (*Hist.*, p. 499) termine son récit des derniers moments de Chastillon par ces mots : « Il reçut un coup de boulet » qui lui emporta le test de la teste, de sorte que Vtenbroeck et les autres » furent souillés de sa cervelle et blessés des os de sa teste, entr'autres » le colonel Brughe, en la face, et quelques autres furent en danger de » mourir. » — Voir aussi 1° Haestens, *La Nouvelle Troye*, etc., p. 120 ; 2° *Journal van Anthonis Duyck*, Deerde Deel, p. 153 ; 3° *Les Lauriers de Nassau*, p. 245 ; 4° Mathieu, *Hist. de Fr.*, in-f°, t. II, p. 665.

CHAPITRE X

Sujet de deuil pour la famille, avant tout, la mort du jeune colonel français le fut aussi, *dans les Provinces-Unies*, pour ses compagnons d'armes, principalement pour Henri-Frédéric, pour Maurice de Nassau, pour les états généraux, pour l'ambassadeur Buzanval; *en France*, pour ses amis, pour ceux de sa famille, pour toutes les personnes qui le connaissaient, pour le roi lui-même.

Bornons-nous, sur ce double point, à reproduire quelques faits éminemment significatifs.

Le premier, en date, se résume dans l'impression profonde que produisit, à Ostende, la mort de Chastillon [1].

« Ce trespas avenu ainsi soudainement, et sur le point de
» voir esclore quelque chose de grand en faveur de l'assiégé,
» non seulement fit laisser là l'entreprise, ne se présentant
» personne pour la mener à chef, mais aussi estourdit fort
» un chacun.

» Les François, sur tous, en demeurèrent esperdus, qui
» l'estimoient ainsi qu'un autre Mars. On eust dit qu'il por-

[1]. C. de Bonours, p. 193.

» toit leurs cœurs et leur espérance en son poing et que leur
» fortune marchoit à sa discrétion. Tous le suivoient avec
» une singulière affection, durant sa vie, ne se proposoient
» rien d'impossible qu'il eust entrepris, croyans fermement
» que, sous un tel chef, bonne aventure ne leur pouvoit
» manquer. De vray, il sçavoit gagner la volonté des sol-
» dats, les caresser et amadouer, et, aux occasions pres-
» santes, leur aiguiser le courage, aussy bien que chef qui
» fust en l'armée des estats.

» Se voyant donc ceste nation sans homme de support,
» presque réduite à la servitude des Anglois, ses haineux,
» qui là-dedans sont les plus puissans en faveur, sa pre-
» mière résolution se flestrit et élangoura. »

La douleur de Henri-Frédéric fut profonde. En en adressant l'expression à la mère de son cousin, il lui fit parvenir
un objet, peu important, en apparence, mais qu'il avait re-
cueilli avec un pieux empressement, parce qu'il supposait
que Chastillon y attachait un prix réel, puisqu'on l'avait
trouvé sur lui, à sa mort.

« M. le comte Henry, rapporte, sur ce point, de Buzanval[1],
» retira quelques faveurs qu'il (Chastillon) portoit au bras,
» et les paya cher à un soldat qui les avoit, puis les envoya
» à M. d'Aumale, pour les rendre à ses parens. »

On ne saurait douter que ce ne soit aussi par les soins de
Henri-Frédéric, plus encore que par ceux de toute autre
personne, qu'ait été assuré le transport en France, de la
dépouille mortelle de Chastillon.

D'une autre part[2], « on peut juger par la démonstration
» de sentiment qu'on fit, à Ostende, de la mort de ce per-
» sonnage, et l'honneur avec lequel on inhuma ses intes-

1. Lettre du 16 octobre 1603 à La Boderie. (Bibl. nat., mss. f. fr.,
vol. 15,953, f° 212.)
2. C. de Bonours, *loc. cit.*, p. 193.

» tins, après avoir embaumé le corps, pour le rendre ca-
» pable d'être transporté à la sépulture de ses ancestres,
» l'estime qu'en faisoient les estats quand il vivoit. Ceste
» perte certes leur cuisit, pour respects importans..... Ils
» déféroient force respect à ce jeune seigneur.

» Le comte Maurice qui l'aimoit, et pour ses belles
» qualités et pour estre son allié », éprouva, à sa mort,
des regrets que partagea la nombreuse famille des
Nassau.

Un des membres de celle-ci, le comte Jean-Ernest, écrivit, d'Ostende même, au comte Jean, le 14 septembre 1601[1] :
« M. de Chastillon a esté tué, ces jours passez, ici, d'un
» coup de canon[2]. Tout le monde en est très marry, à
» cause qu'il estoit très brave seigneur. »

Ce même seigneur n'était pas moins généreux et désintéressé que brave. Il l'avait prouvé en maintes conjonc-
tures, notamment quand il s'était agi pour lui, en Hollande,
d'améliorer la position des troupes placées sous son commandement. Maurice de Nassau, informé des avances qu'il
avait faites, à cet égard, et dont il se trouvait encore à dé-

1. Groen van Prinsterer. *Corresp.*, 2ᵉ série, t. II, p. 105.
2. De même que Chastillon, c'était aussi à un siège que, quatre-
vingt-neuf ans auparavant, avait été frappé à mort un membre de sa
famille, duquel nous avons dit ailleurs (Voy. *Gaspard de Coligny, amiral
de France*, t. Iᵉʳ, p. 10) ce qui suit : —Jacques de Coligny, après avoir,
en 1510 et 1511, prêté au duc de Ferrare un utile concours, et soutenu
la cause française en Toscane, se trouvait avec les troupes commandées
par Gaston de Foix sous les murs de Ravenne, en avril 1512, lorsque
dans le terrible assaut livré à cette ville le 9 du même mois, il fut griè-
vement blessé. On le transporta à Ferrare, où, malgré les soins empressés
qui l'entourèrent, il mourut laissant après lui d'unanimes regrets.—Voir
sur ce point : *Chron. de Bayard*, par le loyal serviteur, chap. LII ; —
Belleforest, *Annales*, t. II, fᵒ 1391, sur l'année 1512 ; — Guicciardini,
Stor. liv. X ; — *Mém. de Fleurange*, chap. XXIX ; — Brantôme, édit.
L. Lal, t. II, p. 421, 422, 423.

couvert, au moment de sa mort (10 septembre 1601),
se fit un devoir d'adresser, dès le 14 du même mois,
aux états généraux des Provinces-Unies les lignes suivantes [1] :

« Nobles et puissans seigneurs, mes bons amis spéciaux,
» le porteur des présentes, majordome du feu seigneur de
» Chastillon, m'a donné à entendre que ledit seigneur a
» laissé certaines dettes contractées par luy pour l'augmen-
» tation de sa compagnie et l'amélioration de son régiment,
» nous priant de vouloir bien recommander l'affaire auprès
» de vous, afin que la solde dudit feu colonel soit encore
» payée à qui de droit, pendant un certain temps, afin que
» les susdites dettes puissent être acquittées; et, comme
» il nous a démontré que cet espace de temps sera court,
» que les dettes dont il s'agit ont été contractées unique-
» ment dans l'intérêt de l'estat, sans que ledit seigneur de
» Chastillon ait pu en tirer le moindre avantage, pendant
» la durée, d'ailleurs assez brève, de ses fonctions de
» colonel, nous vous prions amicalement de prendre en
» considération nostre intercession et d'accueillir favorable-
» ment la présente demande. »

Les états généraux ne pouvaient manquer de faire immédiatement droit à une telle réclamation, car ils connaissaient
parfaitement l'étendue des services que Chastillon avait
rendus aux Provinces-Unies qu'ils représentaient.

De son côté, l'ambassadeur de France, en résidence à
La Haye, de Buzanval mandait à de La Boderie [2] : « J'ay
» regretté fort le pauvre M. de Chastillon, plus que je ne
» sçaurois dire; et non moy seul, mais tous les hon-

1. Reg. des *Résolutions* des états généraux des Provinces-Unies à la
date du 17 septembre 1601. (Archives générales du royaume de Hollande.)

2. Bibl. nat., mss. f. fr., vol., 15,953, f° 212.

» nestes gens de deça. Il avoit icy tout plein de bons
» amis. »

Il en avait bien plus encore en France. Tous, dans l'élan
du cœur, confondirent leurs larmes avec les larmes de ses
parents.

Mais, à la seule pensée de celles que répandit sa mère,
de quelle émotion n'est-on pas saisi ! Et alors, comment ne
pas obéir au devoir d'un pieux recueillement, en présence
de telles larmes !

La douleur d'une mère se sent, mais ne peut jamais se
décrire : aussi nous arrêtons-nous devant celle de l'infor-
tunée Marguerite d'Ailly, en demeurant dans le silence
d'une respectueuse sympathie.

A son immense deuil s'associèrent, avec toutes les déli-
catesses de cœurs profondément aimants et dévoués, les
mères de jeunes seigneurs qui avaient connu et chéri son
fils, telles surtout que la princesse d'Orange, et que
Mmes de Mornay et de Rohan.

Henri IV partagea l'émotion générale que causa la mort
de son filleul, sur lequel avaient reposé tant d'espérances :
« Le roi, rapporte P. de L'Estoile, dans on journal, sous
» la date du 16 septembre 1601 [1], arriva de Calais à Paris
» et à Fontainebleau. Ce fut Sa Majesté même qui, le pre-
» mier, dit avec regret les nouvelles de la mort de M. de
» Chastillon, tué d'un coup de canon qui luy avait emporté la
» teste, sur le rempart d'Ostende, ainsi qu'il estoit allé
» considérer quel chemin il feroit tenir à six mille hommes,
» divisés en deux bandes avec lesquelles il devoit aller
» emporter les tranchées de l'ennemi ; ce qu'il eût infailli-
» blement exécuté, selon toutes les apparences humaines,
» sans ce coup de boulet. Ce jeune seigneur, âgé de dix-

----

1. Edition de 1875, t. VII, p. 313.

» huit ans seulement, digne héritier des vertus de ses an-
» cestres et de leur valeur, mourut de ceste mort, après
» avoir acquis par le témoignage du roi mesme, la meil-
» leure part de l'honneur et de la gloire à laquelle les vieux
» capitaines aspirent tous les jours. »

Ce que dit P. de L'Estoile, du témoignage du roi, trouve
sa confirmation dans les lignes suivantes que Henri IV
adressa le 19 septembre 1601 au connétable [1] :

« ..... Toute la guerre qui se fait à Ostende, d'une part
» et d'autre, n'est guère qu'à coups de canon, dont ils font
» bon marché [2]. Vous avez déjà sceu, comme je crois,
» comme le malheur a voulu qu'un a porté sur le feu sieur
» de Chastillon, dont j'ay eu beaucoup de regret, car il
» estoit de fort bonne espérance; il avoit desjà, en ce
» peu de guerre qu'il avoit fait, acquis fort bonne répu-
» tation. »

Le roi fit plus que mentionner la part d'honneur et de
gloire que son filleul avait si légitimement acquise : il la
caractérisa fortement, en proclamant dans trois actes officiels, en date du même jour, 8 octobre 1601 [3] « les grands
» et recommandables services qu'il avoit reçus, tant de feu
» Henry de Coligny, que du feu sieur de Chastillon, son
» père. » Il signala, en même temps, comme devant être
suivi par le jeune frère qu'il donnait pour successeur à

1. *Lettres missives*, t. V, p. 469.

2. « Vous ne sçauriés pas croire comme ceste ville (Ostende) a esté
» forcée du canon, depuis qu'elle a esté assiégée; l'ennemy a tiré plus
» de octante mille coups de canon. » (Lettre du comte Jean-Ernest au
comte Jean de Nassau, 14 septembre 1601. — Groen van Prinsterer,
Corresp., 2ᵉ série, t. II, p. 105.) — « L'ennemi tiroit continuellement
» dans la ville, voire plus qu'on n'a jamais faict en aucune ville assiégée;
» de sorte que, tous les jours, beaucoup de gens estoit tuez. » (*Les Lauriers de Nassau*, p. 245.)

3. Voir *Appendice*, nº 17.

Henri de Coligny, dans l'exercice de ses charges, l'exemple
« des vertus et louables qualités de celui-ci ».

Disons plus : il y avait, avant tout, un autre exemple à
suivre ; c'était celui de la foi dont était animé le cœur du
jeune chrétien que Dieu venait de rappeler à lui ; trait caractéristique de la vie morale de Chastillon sur lequel nous
ne saurions assez insister.

Aussi notre conviction est-elle, qu'en sa personne, on ne
perdit pas seulement un héroïque capitaine, mais qu'on
perdit en outre le défenseur zélé d'intérêts d'un ordre supérieur, en d'autres termes, de ces intérêts sacrés de la
cause évangélique, au maintien desquels avaient si puissamment concouru son aïeul et son père.

Ce fut là ce qu'on sentit, dans les Provinces-Unies comme
en France, et ce que constata, en son temps, avec la pleine
autorité d'un appréciateur éclairé, le véridique Hollandais
A. Duyck[1], en disant : « On déplora la mort prématurée
» de Chastillon, surtout parce qu'il avoit le caractère droit
» et ouvert ; qu'il étoit très affectionné à la religion ; et que
» les réformés françois comptoient sur lui comme sur un
» de leurs plus fermes appuis dans l'avenir. »

En présence du tribut de regrets et d'hommages si justement payé à la mémoire de Henry de Coligny par ses
contemporains, qui ne serait ému à la pensée de tout ce
que perdit la France, le jour où fut moissonnée, dans sa
fleur, l'existence du dernier des *fidèles* représentants de
l'illustre maison de Coligny-Chastillon ; car, avec lui s'éteignirent, dans cette maison, les pures et grandes traditions
de piété, de liberté religieuse, d'honneur et de patriotisme
qu'il avait recueillies comme le plus précieux des patrimoines !

1. *Journal van Anthonys Duyck*, Deerde Deel, p. 153.

Mais, en même temps, comment, sur le seuil de la tombe du jeune chrétien, si tôt ouverte, ne pas entendre, dans le recueillement de la foi, retentir ce suprême appel : « Par la » mort, à la vie ! » Appel, dont le sens se révèle dans ces miséricordieuses paroles : « Toute mort des bien-aimés de » l'Eternel est précieuse devant ses yeux[1] ! »

1. Psaume CXVI, 15.

APPENDICE

I

Qui, mieux que le vénéré beau-père de Marguerite d'Ailly, parla jamais, en consolateur chrétien, à une veuve? et comment ne pas appliquer ici à Marguerite ces belles paroles que le pieux amiral de France adressa, après la mort de son intime ami, Soubize, à la digne compagne de celui-ci? « La plus grande consolation que vous et tous les amis de
» M. de Soubize pouvez avoir, c'est qu'en la foi en laquelle il a pleu à Dieu
» l'appeler, il possède l'héritage que Nostre Seigneur a promis aux siens.
» Je sçay bien aussi que ce n'est pas ce que vous lui plaignez, mais plus-
» tost une séparation pour quelque temps. Ce ne seroit pas bien aimer,
» si nous désirions plustost une vue bien incertaine de nos amis, pour
» les priver d'une vie éternelle, quand ils la possèdent. C'est chose pour-
» tant que nous ne désirons pas d'advancer; mais quand aussi il a pleu à
» Dieu d'en ordonner, c'est bien de quoy s'aider à se résoudre. Or, je
» m'assure que vous sçaurez bien practiquer maintenant les grâces que
» Dieu a mises en vous. » (Lettre du 22 septembre 1566. *Bulletin de la Soc. d'hist. du prot. fr.*, t. II, p. 550.)

Elevé à l'école de l'illustre amiral, et, dès lors, plein de sympathie pour la veuve et les enfants de François de Chastillon, Ph. de Mornay écrivait à Mme de Laval, leur alliée : « Les consolations contre telles
» pertes ne se trouvent point ès raisons humaines : il les faut chercher
» en Dieu, qui régit tout justement et ne fait rien à l'adventure; qui
» fait le bien de ceux qu'il aime, en les retirant, et de ceux qui les aiment
» tout ensemble, en les advertissant par là de s'amender et convertir à
» lui. Vous verrez, au reste, madame, s'il y a moïen de faire chose qui
» apporte quelque soulagement à ce qu'il a laissé, et si mon peu de
» pouvoir y peut chose qui revienne au bien de la maison pour laquelle
» je ne serai jamais las d'emploïer mon service, etc., etc. » (Lettre du 8 novembre 1591. *Mém. de Ph. de Mornay.*, édit. in-4°, t. II, p. 129.)

15

II

Lettre adressée au roi de France par *ses gens des comptes, en Languedoc,*
établis à Montpellier, 15 avril 1585.
(Bibl. nat., mss. f. fr., vol. 15,569, f° 60.)

« Sire, ayant pleu à Vostre Majesté ordonner pour gouverneur en
» ceste vostre ville le seigneur de Chastillon, pour icelle tenir soubz vostre
» obéissance et faire vivre les habitans d'icelle, d'une et d'autre religion,
» suivant vos édits de paix, il s'y est très bien employé, et a faict que,
» Dieu grâces, il n'y a aucun catholique qui n'aye occasion de conten-
» tement et qui, en effet, ne s'en contente très bien; car quelles émotions
» et nouvelles eslévations d'armes qu'il y ait eues en ce pays depuis qu'il
» y commande, l'estat de la ville n'a esté altéré, et a esté et est l'exercice
» des deux religions libre à tous; et bien que ce qui advint dernièrement
» à vostre ville d'Alet (Alais) et ce qui est advenu, ces jours passez, en
» celle de Marseille, eust peu donner frayeur à vos subjects catholiques
» estant en ladite ville, il y pourvut si saigement et nous a tellement
» assurez, que nous louons Dieu et luy rendons grâces, et à vous, sire,
» de ce que nous avons un si saige seigneur pour gouverneur. »

III

Opinion émise par de Lanoue sur l'importance de La Rochelle.
(*Discours politiques et militaires.* Bâle, 1587, p. 769, 829, 830.)

« La ville de La Rochelle est assez grande et bien située sur le bord de
» la mer, en un païs abondant en vivres et plein d'assez riches mar-
» chands et de bons artisans; ce qui profite beaucoup pour la conserva-
» tion de plusieurs familles et pour en tirer les commodités qui estoient
» nécessaires, tant pour les gens de guerre, qu'aux armées de mer et de
» terre.

» ..... Les villes, qui sont comme les appuis, non seulement des armées,
» mais aussi des guerres, doivent estre puissantes et abondantes, afin
» que, comme de grosses sources dont découlent de gros ruisseaux, elles
» puissent fournir les commodités nécessaires et à elles possibles, à ceux
» qui ne les peuvent avoir d'ailleurs. Ceci a fait dire à quelques catho-
» liques, qu'ils n'estimoient pas les huguenots trop lourdaux, d'autant
» qu'ils avoient toujours esté soigneux et diligens de s'approprier de
» très bonnes retraites. Nous leur avions osté, disoient-ils, Orléans,
» parce que nous ne voulions pas que de si près ils vinssent muguetter
» nostre bonne ville de Paris; mais les galaus n'ont pas laissé d'attra-
» per la ville de La Rochelle, qui ne leur servira pas moins. Celle-ci n'est
» pas si grande, ni si plaisante que l'autre : elle a pourtant d'autres
» choses qui récompensent bien ces défauts, dont la principale est sa situa-
» tion maritime, qui est une voye et une porte qui ne se peut fermer
» qu'avec une dépense incomparable, et par où toutes provisions lui
» viennent en abondance. A deux lieues dans la mer, il y a des isles ferti-
» les qui branslent sous sa faveur. Le peuple de la ville est autant belli-
» queux que trafiquant; les magistrats prudens et tous bien affectionnez
» à la religion réformée. Quant à la fortification, on a connu par espreuve
» quelle elle est. Je confesserai bien qu'Orléans, quand on est fort en
» campagne, est en lieu plus propre pour assaillir : mais estant question
» de se défendre, La Rochelle est beaucoup plus utile. Il y en a qui
» disent que le peuple qui y habite est rude; quoi qu'il en soit, si peut-
» on affirmer qu'il est loyal. »

C'est le cas de rappeler ici le langage que tenait, en 1568, Chastellier
s'identifiant avec les Rochelois et rendant compte de leurs impressions
et de leurs espérances, alors que, par leur activité et par leur énergie, ils
se tenaient à la hauteur des devoirs que leur imposaient les événements
de chaque jour. Il disait :

« Comme Dieu a mis le bon droit de nostre costé, ayant faict et souf-
» fert tout ce que peuvent bons et loyaux serviteurs et subjects pour
» rendre toute obéissance et service à leur roy et à leur maistre, nous
» espérons aussi que, pour défendre une si bonne et juste querelle, qui
» est celle que nous portons, il nous donnera courage, vertu et force,
» pour maintenir, tant que nos vies dureront, le service de nostre Dieu,
» l'autorité, dignité et splendeur de la couronne de France, les vies,
» l'honneur et les biens de la meilleure part de la noblesse de ce
» royaume et des plus fidèles sujets du roy. Nous avons déjà de bonnes

» espérances pardevers nous et un commencement qui nous en promet
» une bonne yssue, estans tous ceux de la religion pleins de courage et de
» vigueur, et la royne de Navarre et monsieur le prince, son fils, décla-
» rés, M. le prince de Condé et monsieur l'admiral en ce pays, les armes
» à la main, et M. de Larochefoucauld en ceste ville, qui est bien l'une des
» meilleures et des plus belles places de France... Nous espérons avec
« tout cela estre les plus forts par la mer, et en avons bon commencement,
» grâce à Dieu, auquel nous mettons toute nostre espérance et nostre
» force, etc., etc. » (Record office, State pap., France, vol. 43.)

IV

Lettre de Henri IV à de Beauvoir. 1ᵉʳ novembre 1592.
(*Recueil des lettres missives*, t. III, p. 699.)

« A M. de Beauvoir, conseiller en mon conseil d'Estat.

» M. de Beauvoir, je vous ay, il y a assez longtemps, escript en recom-
» mandation d'une affaire du feu sieur de Chastillon, mon cousin, qu'en
» ma faveur, la royne, ma bonne sœur, eût agréable luy accorder de
» pouvoir transporter d'Angleterre trente ou quarante canons de fer et
» non de fonte, pour employer en ce qui seroit de mon service, *au faict de*
» *sa charge* d'admiral de Guyenne; mais j'ai sceu que l'accident de sa
» mort en avoit différé la poursuite; qui m'a donné subject de vous
» en faire cette seconde dépesche, vous priant vous employer de nouveau
» en cest affaire, et n'oublier rien de ce que vous estimez pouvoir servir
» à y faire condescendre la royne, madame ma bonne sœur, à qui j'en
» avois escript par une première; ce qui, je crois, suffira. Or, je vous
» recommande cest affaire tant plus instamment, qu'il y va, en cela, de
» mon service, encore que j'estime que la mémoire que vous avez des
» mérites de cette maison et de vostre amitié avec le grand-père et le père
» des enfans qui espèrent ce bon office de vous, vous y convieront
» assez, etc., etc.

» Escript à Saint-Denys, le 1ᵉʳ novembre 1592.

» HENRY. »

V

Extrait du *Diaire* de Jean Bergier.
(Bibliothèque de La Rochelle, mss. n° 3,112.)

« Mémoyre que le vendredi 23° jour d'avril 1593, est arrivé en la
» rivière de Bourdeaulx seize navires, que grand et petit, que le roy
» d'Espaigne at envoyé en guerre ; il y avoit quinze cents hommes pour
» deffendre Blaye qui tenoit pour la ligue, et M. de Luçon en estoit
» gouverneur, et M. le mareschal de Macquignon, gouverneur de Bour-
» deaulx, y avoit mis le siége devant ledit chasteau qui avoit trois
» mille hommes devant.

» Et ledit gouverneur de Bourdeaulx mandit en ceste ville pour avoyr
» secours pour combattre lesdictz Espaignols, et le mercredi 28° d'avril 1593
» est bougé de ceste ville les quatre galliotes ; et les cappitaines qui
» estoient dedans pour commander se noment le cappitaine Gargouillaud,
» le cappitaine Bergier, le cappitaine Taray et le cappitaine Chapron,
» avec cinquante homes en chacune gallère, et six grands navires, et les
» cappitaines se nomment le cappitaine Boisseau, dedans l'amiral, et
» *M. de Chastillon, amiral de Guienne, est dans ledit navire* qui
» apartenoit au cappitaine Prou, de troys cents thonneaux, et le navire
» du cappitaine de Vallent, du port de cent cinquante thonneaux, et
» Jacques Barbot, eschevin de ceste ville, estoit capitaine dans ledit na-
» vire, et le cappitaine Riffaulx estoit cappitaine en d'aultres navires ; le
» tout pour aller trouver les navires espaignols qui sont en guerre
» pour les combatre ; et Dieu leur en face la grâce !

» Et lesdictz Espaignols estoient venus pour faire lever le siége devent
» Blaye que avoit mis M. le mareschal de Macquignon, qui estoient au
» nombre de quatre mille hommes.

» Et le samedi premier jour de mai 1593, lesdictz navires et gallères
» sont bougés de Chedeboys pour aller trouver l'armée d'Espaigne qui
» estoit au bec d'Embez en la rivière de Bourdeaulx ; et Dieu les veuille
» conduire et d'en avoyr victoyre desdits Espaignols !

» Lesdictz gallères sont de retour de la rivière de Bourdeaulx en ceste

» ville, le samedy 8 de may 1593, et n'ont rien faict, car lesdites navires
» espaignols sortirent de la rivière de Bourdeaulx le samedi premier
» jour de may 1593, et s'en sont allés en Espaigne. »

VI

Rotan, l'un des pasteurs les plus distingués de l'église de La Rochelle,
joignait alors à l'exercice du saint ministère dans cette ville l'enseignement de la théologie. Les Rochelois et ses collègues dans l'Aunis le
tenaient en haute estime.

Il était en correspondance avec Ph. de Mornay, au sujet de maintes
affaires religieuses et avec Mme de Mornay, en matière de charitables
services à rendre. (Voy. *Mém. de Ph. de Mornay*, édit. de 1824, t. V,
p. 439, 496, 528, et t. VI, p. 21.) Sur ce second point il est bon de reproduire ici ces lignes qu'il adressait de La Rochelle, le 30 mai 1593, à
Mme de Mornay, et qui donnent la mesure de ses délicates prévenances
et de celles de cette femme chrétienne, toujours si sympathique et si
bonne :

« Madame, je crois que vous aurés esté advertie par le sieur Chollet,
» comment j'ay receu les cinquante escus qu'il vous a pleu me faire
» délivrer pour M. de Bèze. Je les lui ay envoyés par lettres de change,
» avec cent aultres qui m'ont été baillés par quelques seigneurs de ces
» quartiers, et je m'assure qu'il les recevra dans ung mois ou six sep-
» maines pour le plus tard, c'est ung secours qui lui viendra très à
» propos, attendu la longue et extresme maladie dont il ne faisoit que
» sortir lorsqu'il m'escrivit. Pour mon particulier, je vous remercie
» très humblement de ceste charité que vous avés faicte en son endroit,
» et m'en tiens comme votre redevable, pour l'amour et respect que je
» porte à ce sainct personnage. Je vous supplye donc que j'aye cest hon-
» neur de demeurer à jamais, madame, vostre humble serviteur. »

Rotan avait épousé, en 1594, la veuve du pasteur Odet de Nort, au
sujet duquel Jean Bergier consigne dans son Diaire (Bibl. de La Rochelle,
mss., n° 3,112) la mention suivante : « Mémoyre que, le dimanche mat-
» tin, 13 de mars 1593, est mort Odet de Nort, ministre de la parolle de
» Dieu, et fut enterré le lundi, au matin, en le simetière de Sainct-

» Berthomé; et a esté grande perte pour les églises de France. Ledit de
» Nort est mort de langueur, et avoit cinquante-quatre ans, et a presché
» en ceste ville trente ans ; et a esté grande perte pour les églises. »

VII

Acte authentique du 24 janvier 1595.
(Archives de la maison d'Orange-Nassau, n° 2,570.)

« A tous ceux qui ces présentes lettres verront, Louis Robert, garde
» du scel royal aux contractz, sentences, commissions des bailliage,
» prévosté et autres justices de Montargis-le-Franc, salut.
» Scavoir faisons que pardevant Nicolas Bourdin, notaire et tabellion
» royal juré audit Montargis-le-Franc, fut présente en sa personne haulte
» et puissante dame *Marguerite d'Ailly*, vefve de feu hault et puissant
» seigneur messire *François, comte de Colligny, seigneur de Chastillon*,
» amiral de Guienne, au nom et comme ayant la garde noble des enfans
» dudit seigneur, et d'elle, laquelle, de son bon gré, pure et franche vo-
» lonté, a recogneu que par contrat cejourd'huy passé, par forme de
» transaction, pardevant ledit juré, entre icelle dame, d'une part, et
» illustre princesse dame *Loïse de Colligny, princesse douairière d'O-
» range*, d'autre, il soit porté, entre autres choses :
» Que pour le paiement et satisfaction de tout ce que *ladite princesse*
» pouvoit prétendre lui estre deu, tant pour raison de ses deniers dotaux
» et à elle constitués par hault et puissant seigneur *messire Gaspard*,
» vivant *comte de Colligny, amiral de France, seigneur dudit Chastillon*,
» père commun, desdictes partz et arréraiges de six cents soixante-six
» escuz, deux tiers de rente constituée à ladite dame pour raison de onze
» mil cents onze escuz, treize sols, quatre deniers, restant à païer desdits
» deniers dotaux, comme aussy pour l'évalluation de la part et portion
» qui appartenoit à ladite dame en la succession de feue dame *Charlotte de
» Laval* sa mère, vivant, espouse dudit feu seigneur amiral, et arréraiges
» des fruictz et revenus des biens maternels, et généralement pour tout ce
» qui lui pouvoit compéter et appartenir sur la succession et hérédité des-
» dits seigneur et dame, ses père et mère, icelle *dame de Chastillon* auroit

» recogneu estre deu à ladite *dame princesse* la somme de vingt mille
» sept cents quatrevingts six escuz, quatre sols, deux deniers, oultre
» les paiemens à elle faicts faire par les fermiers de la Cropte, Danne-
» marie, Thou-en-Puisaie et Solterre, et autres deniers receus de feu M. le
» comte et dame de Laval, montant à la somme de douze mille cents
» quatrevingts escuz, quarante-huit sols, deux deniers tournois, et à
» autres sommes portées ou déclarées par ladite transaction;

» Et que pour demeurer quicte par ladicte *dame de Chastillon*, audit
» nom, envers ladite *dame princesse*, de la somme de seize mille trois
» cents soixante-trois escuz, vingt sols tournois, faisant partie desdicts
» vingt mille sept cents quatrevingts six escuz, quatre sols, deux deniers
» tournois, auroit ladite *dame de Chastillon*, audit nom, promis de céder
» et de délaisser à ladite *dame princesse* la terre, seigneurie et chastel-
» lenye de *Lamothe de Chasteauregnard*, ses appartenances et deppen-
» dances, pour le prix de dix mille huit cents trente-trois escuz, vingt
» sols tournois, à laquelle elle a esté estimée et évaluée entre lesdites
» parties, ensemble le droict qui lui appartient, audit nom, de la terre,
» seigneurie et chastellenye dudict *hault de Chasteauregnard*, tenu par
» engaigement du domaine de la couronne de France, pour la somme de
» cinq mille trois cents trente-trois escuz, vingt sols, qui a esté ci-devant
» acquise, à condition dudict engaigement, par feu messire *Gaspard de*
» *Colligny*, vivant, seigneur de Chastillon, *mareschal de France*, père
» dudit défunt seigneur amiral de France, aïeul de *ladite dame princesse*,
» avec les loyaux coûts et mises dudict engaigement, pour la somme
» de cent quatrevingt seize escuz, quarante sols tournois;

» Et, à ces fins, passer contract dudict dellais et transport pardevant
» notaire à ladite *dame princesse;* suivant laquelle transaction et pro-
» messe, ladite *dame de Chastillon*, audit nom, de son bon gré et volonté,
» en présence et du consentement de puissant seigneur *Charles de Col-*
» *ligny, seigneur d'Andelot*, son beau-frère, et après avoir eu l'advis de
» son conseil, a cédé, quitté, transporté, délaissé, et, par ces présentes,
» cède, quitte, transporte et délaissé, dès maintenant et à toujours, et a
» promis garantir, audit nom, de tous troubles et empeschemens quel-
» conques, à ladite *dame princesse*, présente et acceptante pour elle, ses
» hoirs et ayants cause, ladite terre, seigneurie et chastellenye de *La-*
» *mothe dudict Chasteauregnard*, ses appartenances et deppendances,
» estant du propre dudict feu seigneur amiral, et consistant en droict de
» haulte, moïenne et basse justice, fiefs, moulins, cens, rentes et autres

» droicts et domaines, dont *icelle dame princesse* a déclaré avoir suffi-
» samment cognoissance, pour ledict prix et somme de dix mille huit
» cents trente-trois escuz, vingt sols tournois, icelle terre et seigneurie de
» *La Mothe dudict Chasteauregnard* tenue en mouvance, en plein fief,
» dudict *hault de Chasteauregnard*, qui est du duché d'Orléans ;

« Et en oultre, icelle *dame de Chastillon* a cédé, quitté, transporté et
» délaissé à ladite *dame princesse*, ce acceptant comme dessus, tous les
» droicts qu'elle peut, audit nom, avoir et prétendre eu ladite terre,
» seigneurie et chastellenye dudict *hault de Chasteauregnard*, apparte-
» nances et deppendances, que le moïen du susdit engaigement, pour
» la susdite somme de cinq mille trois cents trente-trois escuz, vingt
» sols tournois, ensemble lesdits loyaux coûts, frais et mises dudit en-
» gaigement montant à la somme de cent quatrevingts seize escuz,
» quarante sols tournois, en ce compris le remboursement de cent cinq
» escuz fais à Jean Simonnet, pour l'office de garde-notte par luy impé-
» tré du roy ; lesdites sommes revenant à la susdite somme de seize
» mille trois cents soixante-trois escuz, vingt sols tournois, delaquelle,
» moïennant ce que dessus, icelle *dame princesse* a quitté et quitte
» ladite *dame de Chastillon*, audit nom, nonobstant le contenu en
» ladite transaction portant obligation.

» Et le surplus de ladite somme de vingt mille sept cents quatre-
» vingts six escuz, quatre sols, deux deniers, montant à quatre mille
» quatre cents vingt-deux escuz, quarante-quatre sols, deux deniers
» tournois, icelle *dame de Chastillon*, audit nom, a promis et promet
» par ces présentes à icelle *dame princesse*, de païer, dedans la ville de
» Paris, ès mains de maistre Jacques Guillemain, chirurgien et valet de
» chambre ordinaire du roy, dedans deux ans prochains venans, sous peine
» de tous dépens, dommaiges et interests ; à quoy faire elle a obligé et
» oblige les biens des sesdits enfans.

.   .   .   .

» En tesmoing de quoy, nous, garde susnommé, au rapport et rela-
» tions dudit notaire juré, avons scellé dudit scéel ces présentes, qui
» furent faites et passées *au chasteau de Chastillon-sur-Loing*, en présence
» de messire Pierre de Dampmartin, conseiller du roy, nostre sire, gou-
» verneur de Montpellier, maistre Estienne Berthault, bailly dudit
» Chastillon, et maistre Jean Constantin, seigneur de Mandoze, tes-
» moings, le 24ᵉ jour de janvier, l'an mil cinq cent quatrevingts quinze,
» avant midy, etc.

VIII

Fragments d'une correspondance relative au projet de mariage
du duc de Bouillon avec Élisabeth de Nassau.

§ 1.

Louise de Coligny à Maurice de Nassau. 10 septembre 1594. (Archives
de la maison d'Orange-Nassau, n° 2,247.)

« Monsieur mon fils, j'ay esté extrèmement ayse de recevoir de vos
» lettres par Mandricourt. J'avois esté tant depuis mon partement en
» ceste attente. Vous croyés bien, je m'en asseure, combien les nou-
» velles de Groningen m'ont esté agréables, et combien j'en ay loué
» Dieu, de bon cœur. Le roy me fait cest honneur de m'en mander les
» premières nouvelles. Vous entendrés par les lettres de M. Calvart la
» résolution que le roy a prise pour vos affaires. Croyés que M. de
» Buillon a bien envie d'estre en campagne, et qu'il desire infiniment
» de servir si bien avec vous et messieurs les estats, qu'à jamais vous
» serez inséparables; et, pour vous rendre certayne preuve de cela, il
» m'a faict entendre le desir qu'il a de prendre alyance avec vous,
» espousant vostre sœur Ysabelle. C'est une alyance que je l'ay asseuré
» que, de vostre costé, vous auriez extrèmement agréable, et que
» vous en sentiriés fort honoré, comme à la vérité, c'est le seigneur de
» France le plus estimé et le plus digne, et accompagné de si grands
» mérites, que ses amis et ses ennemis mesmes publient ses louanges.
» Il m'a prié d'en sonder vostre volonté, devant que luy-mesme vous
» en escrive. Je vous suplye donc me la faire entendre, afin que, si vous
» trouvez bon ceste recherche, il vous face luy-mesme sçavoir combien
» il le desire; et vous suplye de tenir cecy fort secret, d'aultant que, si
» le mariage a de se faire, le moins que l'on en peut ouyr parler est le
» meilleur; d'aultant qu'il se trouveroit des personnes quy ne demande-
» roient pas mieux que de le traverser, pour empescher tousjours l'union
» des gens de bien; je vous suplye donc de m'envoyer incontinent un

» laqués, pour en sçavoir vostre intention. Cela, sy se fait, retardera
» mon retour; mais, pour une si bonne occasion et si advantageuse
» pour vostre mayson, je ne plaindraí point de me priver, encore pour
» quelque temps, de veoir *vostre petit frére*, l'estimant très bien, puis-
» que luy faites l'honneur d'en avoir tant de soins, comme me le mande
» M. Dommarville, et comme je vois bien par ses lettres qu'il est extrê-
» mement content d'estre près de vous. Je vous suplye de le vouloir
» tousjours bien aymer, et l'exhortés bien de se rendre honneste homme,
» durant mon absence. Mandez-moy sy vous desirés d'avoir quelque
» chose d'icy; et, encore un coup, je vous suplye que bientost j'aye
» vostre response. Nous atendons le roy icy depuis trois jours. Conser-
» vez-moy, sy vous plaist, vos bonnes grâces, comme à vostre humble
» mère, à vous faire service.

» A Paris, ce 10 de septembre 1594.

» LOYSE DE COLLIGNY. »

§ 2.

Louise de Coligny à Maurice de Nassau. 4 octobre 1594. (Archives
de la maison d'Orange-Nassau, n° 2,247.)

« Monsieur mon fils, M. de Buillon despesche exprés ce gentilhomme
» vers vous, pour vous advertir de la recherche qu'il fait de vostre sœur
» Ysabelle, vous suplyer de l'avoir agréable, et que, par son retour,
» vous nous en envoyés vostre consentement. Il n'est point de besoing
» de vous dire son mérite, le rang qu'il tient en ce royaume, et combien
» vostre sœur sera heureuse avec un tel seigneur. Sy c'est chose que
» vous ayez agréable, je n'ay pas estimé en devoir escrire à messieurs
» des estats, puisque vous estes sur les lieux pour leur en pouvoir com-
» muniquer, ce qui me semble que vous devés faire. J'en escris seule-
» ment à M. Barnevelt, afin que, par le retour de ce gentilhomme, j'en
» sache leur résolution avec la vostre. Vous verrés par les lettres du roy
» et celles de M. de Montpensier, comme c'est chose qu'ils desirent de
» moy et d'elle. Nous ne voulons consentir qu'à ce qui sera trouvé bon
» par vous et messieurs des estats; mais nous nous asseurons bien que
» vous ne pouvés sinon avoir très agréable une telle alyance. Faites-
» nous en donc bientost sçavoir vostre volonté, car il est besoing que le

» mariage s'achève promtement, et je le desire plus que personne,
» parceque mon retour dépend de là. Vostre sœur Brabantine est aussy
» recherchée par M. de Rohan, et la mère le desire fort; mais l'âge de
» l'une et de l'autre me donnera bien le loysir de la ramener encore avec
» moy. Toutefois vous m'en manderés aussy, sy vous plaist, vostre
» voulonté et celle de messieurs des estats, car je pense bien que,
» devant que je parte, la mère en voudra avoir asseurance. Pour le
» moins jugerés-vous que mon voyage ayt esté bien employé, puisque
» vos sœurs y ont trouvé de si bons partis. Je m'en vais aller, dans peu
» de jours, à Chastillon, pour achever mes affaires avec Mme de Chastil-
» lon et mon frère, en attendant de vos nouvelles. Delà, nous irons à
» Sedan pour faire le mariage de Sedan. M. de Buillon me promet de
» me rendre sûrement en vos contrées. Monsieur mon fils, ce m'est un
» extrême contentement du soin que M. Dommarville me mande que
» vous avés de *vostre petit frère*; il m'escrit vous avoir parlé de la com-
» pagnie du feu prince d'Espinoy pour luy; je vous suplye, si c'est
» chose que vous trouviés à propos, comme, à mon avis, elle est, de la
» luy faire avoir... Je remets toutes nouvelles à cest honneste homme,
» et vous baise les mains, un milion de fois, en qualité de

» Vostre humble mère, à vous faire service,

» LOUYSE DE COLLIGNY.

» A Paris, ce 4 octobre 1594. »

§ 3.

Les états généraux des provinces unies des Pays-Bas à Louise de Coligny.
2 novembre 1594.
(Archives générales du royaume de Hollande. — Registres des dépêches
relatives aux affaires de France. Reg. de 1585 à 1595, f° 436.)

« Madame, aiant entendu par une lettre que nous a escripte M. le duc
» de Bouillon, le 6 de ce mois, par un gentilhomme envoyé exprès de
» sa part, la recherche qu'il faisoit à Son Excellence, de Mlle Élisa-
» beth de Nassau, sa sœur, et depuis sceu que l'intention de Sadite
» Excellence, pour son regard, estoit d'y consentir, nous vous avons bien
» voulu advertir que nous aurons aussy cette allyance fort agréable,
» pour le bien de la cause commune et des ambedeux maisons, s'il

» plaist à Dieu permettre qu'elle aye son effect, ainsy qu'espérons ;
» d'aultant que nous nous asseurons que Vostre Excellence s'est
» employée et entremeslée en ce faict, d'une sage prévoyance et singu-
» lière affection qu'elle porte au bien de la maison, dont vous remer-
» cions, et prions, madame, qu'il vous plaise encore continuer ceste
» mesme bonne volonté au général et particulier, en toutes occur-
» rances, selon la confiance qu'en avons ; et pourra Vostre Excellence
» s'asseurer que nous serons tousjours très prompts pour luy com-
» plaire, partout où l'occasion se pourra présenter, d'aussy bon cœur
» que nous prions le Créateur, madame, de vous octroyer, en santé
» longue et bienheureuse vye.

» De Vostre Excellence bien affectionnés amys,
» Les états généraux des provinces unies des Païs-Bas,

» A La Haye, en Hollande, ce 2ᵉ jour de novembre 1594. »

§ 4.

Louise de Coligny au comte Guillaume de Nassau. 16 mars 1595.
(Archives de la maison d'Orange-Nassau, nº 2,247.)

« Monsieur mon neveu, n'accusés pas mon silence d'oublyance ; vous
» me feriés tort, car vous devez croire que je n'aurai jamais rien plus
» en la mémoire que vous et ce qui touche vostre maison. Vous avez
» déjà entendu comme vostre cousine et chérubin a changé de nom, le
» 16 du mois passé, et est à présent Mᵐᵉ la duchesse de Bouillon,
» fort heureuse et fort contente, pour avoir un mari qui, en toute sorte,
» lui rend preuve de la parfaite amitié qu'il luy porte, comme plus par-
» ticulièrement j'espère vous faire entendre dans peu de temps, espérant
» être de retour, s'il plait à Dieu, en Hollande, au commencement de
» juin. Je vous supplye que je sois tousjours conservée en vos bonnes
» grâces, et que vous aimiez et ayez tousjours soin de *vostre petti*
» *cousin*, qui, un jour, vous fera service, s'il plait à Dieu ; et moy, je
» demeureray, toute ma vie, monsieur mon neveu,

» Vostre humble tante, à vous faire service,
» LOUYSE DE COLLIGNY.

» A Sedan, ce 16 mars 1595. »

IX

Acte du 12 novembre 1596.
(Extrait des minutes de Pierre Boutet, notaire à La Rochelle au XVIe siècle.)

« Sachent tous que pardevant *Pierre Boutet*, notaire et tabellion
» royal et garde-notte, en la ville et gouvernement de La Rochelle, ont
» esté présens et personnellement establiz, haulte et puissante dame
» *Marguerite d'Ailly*, veufve de feu hault et puissant seigneur messire
» *Françoys, comte de Colligny*, vivant, *seigneur de Chastillon-sur-Loing*,
» conseiller du roy en son conseil d'Estat et privé, admiral de Guyenne,
» cappitaine de cinquante hommes d'armes de ses ordonnances, gouver-
» neur, pour Sa Majesté, en la ville de Montpellier, *comme ayant icelle*
» *dame la garde-noble de hault et puissant seigneur M. de Chastillon,*
» *à présent admiral de Guyenne, son fils, et dudit feu sieur admiral, et*
» *de messieurs ses aultres enfans et dudit feu sieur admiral, dame et*
» *propriétaire, esdits noms, de deux vesseaulx équippez en guerre,* l'ung
» nommé *la Marguerite,* du port de 400 tonneaux on environ, et l'autre,
» *la Marye,* du port de 40 tonneaux ou environ, estant à présent lesdits
» vesseaulx à La Palisse, lez ceste ville, d'une part ;
» Et Ardouyn Guyet, dit Chappeau-Vert, demeurant en ceste ville de
» La Rochelle, et Pierre Chasgnevert, sieur de La Jonchère, demeurant à
» Saint-Michel en Ladon, en Poictou ; eulx deux chefs et conducteurs de
» ladite navire nommée *la Marguerite,* et Yvon Baudeloys, demeurant
» en ceste ville, chef et conducteur de ladite barque nommée *la Marye,*
» qui vont lesdits vesseaulx ensemble *faire la guerre aux ennemys du*
» *roy, nostre sire,* selon le congé et permission qu'ilz ont obtenus de
» mondit sieur admiral ;
» Iceulx Guyet, Chasgnevert et Baudeloys ayant faict l'équipage des-
» dits deux vesseaulx jusques au nombre, assavoir ledit grand vesseau,
» de six vingt dix hommes, et ladite barque jusques au nombre de trente
» hommes, assavoir lesdits Ardouyn et Chasgnevert, pour les quatre
» cinquiesmes partyes, et ledit Baudeloys, pour une cinquiesme
» partye ;

» Et encores ledit Guyet advitailleur pour une moitié desdits vesseaulx,
» et demoiselle Marie Gentilz, femme et procuratrice de noble homme
» Toussaintz Couen, sieur de La Villeaudoré, comme apparaît par
» procuration passée par mesme notaire, comme icelle présente le......,
» icelle comme advitailleur pour une quatorziesme (quatrième) partye
» desdits vesseaulx, et Joseph Damolet, escuyer, seigneur de Brulis,
» tant pour luy que pour noble homme Sébastien Bruneau, conseiller et
» secrétaire du roy, demeurant en ceste ville ; eulx deux advitailleurs
» aussi pour un quart desdits vesseaulx ; qui est pour chacun d'eulx deux
» quarts ; faisant tous lesdits advitailleurs le total d'icelles, d'aultre
» part ;

» Lesquelles partyes, de leur bon gré et volonté, ont fait, passé et
» accordé entre elles le contrat, convenances, et choses subséquentes, c'est
» à sçavoir :

» Que lesdits cappitaines Ardouyn, Chasgnevert et Baudeloys, cappi-
» taines desdits vesseaulx, ont confessé avoir reçu de ladite dame, ésdits
» noms, lesdits deux vesseaulx bien estanches, muniz, équippés et gar-
» nys, assavoir ledit grand vesseau, de trois cables, quatre ancres, de
» doubles voilles, funéians, cordages et aultres ustencilles requises et
» nécessaires au corps dudit grand vesseau, et de deux douzaines de
» piques, et du nombre de vingt-six pièces de fer de fonte, appelées ver-
» teil, tant grosses que petites, deux pièces de fonte verte et deux essoyres
» aussi de fonte verte, garnye ladite artillerye de tous ses affutz, roues
» et aultres choses requises pour icelle, et généralement de toutes choses
» requises et nécessaires à tel vesseau ; et ladite barque, de deux cables,
» de trois ancres, de doubles voilles, cordages, funéians et aultres usten-
» ciles requises et nécessaires au corps de ladite barque, et de quatre
» pièces de fer de fonte appelées verteils, garnye ladite artillerye aussy
» de ses affûts, roues et aultres choses requises à icelle ; de manière que
» desdits deux vesseaulx ainsy garniz et équippez comme dessus, iceulx
» Guyet, Chasgnevert et Baudeloys, pour eulx et leurdit équipage, s'en
» sont tenuz contens, et ont quicté et quictent ladite dame, ésdits
» noms ;

» Et aussy ont recogneu et confessé lesdits Guyet, Chasgnevert et
» Baudeloys que lesdits deux vesseaulx sont bien et dûment advitaillés
» de toutes et chascunes les victuailles nécessaires pour l'espace de
» quatre mois, à conter d'aujourd'huy qui ont esté faictes lesdites vic-
» tuailles, assavoir par ledit Guyet, une moitié d'icelles, par ladite Gen-

» tilz, audit nom, un quart d'icelles et par lesdits sieurs Bruneau et
» Damolet aussi un quart d'icelles dictes victuailles, qui est chacun
» d'eux demy-quart; de manière que desdites victuailles desdits ves-
» seaulx iceulx Guyet, Chasgnevert et Baudeloys, pour eulx et leur équi-
» page, s'en sont tenus contens et ont quicté et quictent lesdits advi-
» tailleurs, renonçant à toute quérimonie et plaintes quelconques;

 » Et lesquels vesseaulx lesdits Guyet, Chasgnevert et Baudeloys, pour
» eulx et leurs équipages, qui est en nombre de huit vingt hommes,
» *ont promis faire voile, au premier bon temps, et les mener et conduyre*
» *en mer, vers la coste d'Espagne et ailleurs où ils verront faire leur*
» *proffit et desdits advitailleurs de iceulx, faire la guerre auxdits enne-*
» *mys du roy, nostre sire, pendant lesdits quatre moys et plus, si les-*
» *dites victuailles peuvent durer, de ramener lesdits vesseaulx de guerre*
» *et prinses qui seront faictes par iceulx, en ceste ville de La Rochelle,*
» *et non ailleurs; le tout, sauf les périls et dangers de la mer;*

 » Et mectre duement, pour ladite dame, èsdits noms, et advitailleurs
» susdits, tout ce qui sera provenu dudict voyage, sans rien en retenir
» duquel provenu des prinses et gains qui seront faicts audit voyage, les-
» quels dicts vesseaulx en lèveront un tiers, les advitailleurs un aultre
» tiers, et lesdicts cappitaines et équipage desdicts vesseaulx un autre
» tiers; et sur le tiers qui appartiendra auxdietz vesseaulx des prinses et
» gains qui seront faicts audict voyage, ladite dame, audict nom, en
» donne auxdicts Guyet, Chasgnevert et Baudeloys la quarte partie
» entièrement pour les bons offices qu'ils ont faicts et feront audict
» voyage, et pour leur part de vin, pour estre départy entr'eulx, selon
» les partz qui sont audict équipage desdicts vesseaulx, dont sur le total
» dudict provenu dudict voyage ledit sieur admiral lévera le dixain pour
» son droit d'admiranté;

 » Et par les mesmes présentes lesdicts Guyet, Chasgnevert et Baude-
» loys ont confessé debvoir justement et loyaulement à ladite dame
» d'Ailly, èsdits noms, la somme de cinq cents escuz sols, qui est pour
» lesdicts Chasgnevert et Jonchère, quatre cents escuz, chacun d'eulx,
» deux cents escuz, et ledit Baudeloys, cent escuz, à cause et pour rai-
» son de prest, juste et loyal, prest à eulx faict par ladite dame, èsdits
» noms, de pareille somme qu'ils ont eue et receue, puis huit jours en ça,
» par un payement de prix et à l'ordonnance du roy, pour leurdit équi-
» page, pourledit voyage, comme ils ont confessé en présence desdits
» notaires et témoings soubzscriptz et dont ils se sont tenuz contens et

» en ont quitté et quittent la dame d'Ailly, ésdits noms et laquelle somme
» de cinq cents escuz sols lesdits Guyet, Chasgnevert et Baudeloys, et
» chacun d'eulx, seul pour le tout, renonçant au bénéfice de division,
» d'ordre et discussion de biens, ont promys et seront tenuz bailler et
» payer à ladite dame d'Ailly, icy présente et consentante, en ladite ville,
» sur les droictz qui appartiendront à l'équipage des susdits vesseaulx,
» des prinses qui seront faictes audit voyage, avec oultre la somme de
» deux cents escuz sols, pour le profict desdits cinq cents escuz sols,
» prins aussy sur lesdits droictz dudit équipage, ésdites prinses qui
» seront faictes audict voyage, pour ce que ladicte dame prend les haultes
» et grosses adventures desdits cinq cents escuz sols pendant ce voyage,
» qui est à la raison de cinquante escuz sols pour cent, et au cas que les
» droictz dudict équipage ne seroient suffisanz pour payer tous les
» deniers que lesdicts cappitaines Guyet, Chasgnevert et Baudeloys au-
» ront emprunté et fourny pour faire ledict équipage et le proffit d'iceulx
» à ladite raison de cinquante escuz pour cent, en ce cas, ladite dame
» participera, au sol la livre, avec lesdicts Guyet, Chasgnevert et Bau-
» deloys, de ce qui appartiendra audit équipage ; et, s'il ne se faict rien
» audict voyage, en ce cas, lesdicts cinq cents escuz de prest seront
» perduz pour ladite dame, ésdicts noms, parce qu'elle en prend les
» haultes et grosses adventures pendant ledict voyage comme dict est;

» Et au cas que lesdicts cappitaines facent prinse et prinses qui vallent
» peyne de l'amener, et qu'ils l'amènent avec lesdicts navires de guerre,
» auparavant lesdicts quatre moys expirés, en ce cas, lesdicts cappitaines
» ne seront plus tenuz de retourner en mer pour achever le temps qu'il
» resteroit desdicts quatre moys.

» Tout ce que dessus icelle dicte dame, ésdits noms, Guyet, Chas-
» gnevert, Baudeloys, Gentilz et Dumolet pour luy et le sieur Bruneau
» stipulant et acceptant, à ce présents, chacun d'eulx en leur regard sus-
» dit, et pour lesquelles choses tenir, garder et observer par iceulx con-
» tractans, sans jamais y contrevenir, à peyne de tous despens, dom-
» mages et interests, ils ont obligé respectivement, assavoir, ladite
» dame, ésdicts noms, tous ses biens, et de messieurs sesdicts enfans,
» meubles et immeubles, présens et advenir quelconques, et lesdits
» Gentilz, audict nom, et Dumolet, pour luy et le sieur Bruneau,
» aussy tous leurs biens présens et advenir, et lesdits Guyet, Chas-
» gnevert et Baudeloys, et chacun d'eulx seul et pour le tout, renonçant
» au bénéfice de division, d'ordre et de discussion de biens, et au béné-

» fice de pleiges, etc., etc. ; et ont renoncé lesdites parties contractantes
» à toutes choses contraires et préjudiciables à la teneur des présentes,
» laquelle teneur ils ont promys et juré tenir et garder inviolablement.

» Faict et passé en ladite Rochelle, en la maison où réside ladite dame
» d'Ailly ; présens témoings à ce appelez et requis Jacques Riffault et
» Isaac Collin, demeurants en ladite Rochelle, le 12ᵉ jour de no-
» vembre 1596, après midy.

» MARGUERITE D'AILLY, GUYET, CHASGNEVERT, DUMOLET,
» MARIE GENTHZ, RIFFAULT, BOUTET. »

X

Sur Claude de La Trémoïlle.
(E. Benoît, *Histoire de l'édit de Nantes*, t. Iᵉʳ, p. 124, 173, 252.)

» La cour accusoit La Trimouille d'aimer la brouillerie et d'être entêté ;
» mais d'autres luy rendoient témoignage d'entendre raison, et d'être
» capable de conseil, et le regardoient comme un homme dont les qua-
» lités étoient grandes, et le naturel heureux, et qui n'avoit besoin, pour
» être un héros que de se meurir par un peu d'âge et d'expérience. L'hon-
» neur de voir le prince de Condé, son neveu, présomptif héritier de la
» couronne parce que le roy n'avoit point d'enfans légitimes, et qu'il étoit
» irréconciliable avec la reine Marguerite de Valois, sa femme, haussoit le
» cœur à La Trimouille et le faisoit regarder avec plus de respect par les
» réformez, qui ne désespéroient pas de le voir, un jour, le gouverneur de
» leur maître, mais d'ailleurs cela le rendoit suspect et odieux à la cour,
» où on craignoit son génie. On y prit fort mal quelques démarches qu'il
» fit à Saint-Jean-d'Angely, où on élevoit le prince de Condé. La manière
» vive et courageuse dont il appuya les affaires des réformez, dans la
» suite, le rendit encore plus suspect. Le roy le haïssoit parce qu'il en
» croyoit être méprisé, quoiqu'il en eût reçu de grands services ; et
» quand il lui échappoit quelque parole qui avoit l'air menaçant, on ne
» manquoit jamais de la prendre en mauvaise part, parce qu'on le
» croyoit capable de plus que de menacer.

» ... Rosni, qui commençoit à disposer des finances, eût bien pu en

» prendre le fond sur d'autres que sur ceux de sa propre religion; mais,
» outre qu'il n'avoit d'ami que luy-même, et peut-être le roy, à qui sa
» fortune l'attachoit, il étoit fort jaloux de tous ceux qui avoient du cré-
» dit entre les réformez, et il n'étoit pas fâché de les éloigner de la cour,
» pour n'y avoir pas des concurrens de leur mérite... La Trimouille l'in-
» commodoit, comme un homme qui n'étoit point esclave de la faveur
» et avec qui l'avenir luy pouvoit faire des affaires.

» ... Ce fut aussi donc (par la promulgation de l'édit de Nantes), que
» finit la longue guerre civile, dont la religion avoit été le prétexte. Les
» réformez commencèrent à respirer, et les esprits à se réunir. La Tri-
» mouille y encourut la haine du roy, mais s'y acquit l'estime et la con-
» fiance de son party, par son inflexible fermeté. On le tourna de tous
» les côtez pour le détacher de la cause commune, mais on n'y put rien
» gagner. Le président de Thou lui offrit des avantages incroyables
» pour cela; mais il répondit généreusement que, quand on auroit faict
» avec luy, cela ne serviroit de rien si on ne contentoit les réformez sur
» leurs demandes; mais que, si on leur accordoit la sûreté de leurs con-
» sciences et de leurs vies, on pouvoit le faire pendre à la porte de l'as-
» semblée et que personne ne branleroit. On voulut aussi le piquer
» d'honneur et de jalousie, quand le duc de Bouillon vint à l'assemblée,
» ou La Trimouille, comme plus jeune, luy céda la première place, qu'il
» avoit tenue deux ans durant : mais il n'eut point de sensibilité pour
» ce point d'honneur qui auroit ébranlé une âme moins grande que la
» sienne, il céda sans regret et se soutint jusqu'au bout avec un courage
» égal. »

XI

Pouvoir conféré par Maurice de Nassau à Louise de Coligny.
23 octobre 1597.
(Archives de M. le duc de La Trémoïlle.)

« Nous, Maurice, prince en Orange, comte de Nassau, Vianden, Cat-
» zenellenbogen, Dietz, etc., marquis de La Vere et Flessingue, gouver-
» neur et capitaine général du pays et duché de Gueldres et conté de
» Zutphen, d'Hollande, Zeelande, West-Frise, Utrecht et Overissel,

» superintendant des villes et places unies auxdites provinces, admiral de
» la mer, à tous ceulx qui ces présentes, noz lettres-patentes, verront,
» salut !

   » Comme ainsi soit que, depuis quelque temps en ça se soient pré-
» sentées diverses communications et entreparlers de future alliance et
» mariage entre hault et puissant seigneur de La Trimouille, duc de
» Touars, prince de Talmont, et nostre très chère et très aimée sœur,
» damoiselle Charlotte-Brabantine, princesse audit Orange, comtesse de
» Nassau, Vianden, Catzenellenbogen, Dietz, et fille de feu très hault et
» très puissant prince Guillaume, par la grâce de Dieu, prince d'Orange,
» comte de Nassau, nostre très honoré seigneur et père, et de très
» illustre feue dame Charlotte, duchesse de Bourbon, princesse d'Orange,
» comtesse de Nassau, d'aultre part; lesquelles communications se
» seroient avancez jusques à là que, pour en conclure et arrester, il con-
» vienne d'entrer en ultérieure conférence sur les points et articles d'un
» traité anté-nuptial, à l'honneur et à la gloire de Dieu et au contente-
» ment dudict seigneur et damoyselle princesse, à laquelle conférence ne
» pouvans, ainsy que le vouldrions bien, nous trouver et y vacquer en
» personne, tant à cause de noz gouvernemens et charges publiques,
» qu'aultres urgentes affaires et empeschemens;

   » Sçavoir faisons que, pour ne faillir en rien à l'amour et affection
» singulière que nous portons à nostredite très aimée et très chère sœur,
» et pour, de nostre part, assister à l'avancement de ladite alliance et
» faire paroistre combien elle nous est agréable, avons prié, requis,
» député et commis, prions, requérons, députons et commettons par ces
» présentes, haulte et très illustre dame Louyse de Coligny, princesse
» douairière dudit Orange, comtesse de Nassau, nostre très honorée et
» très chère belle-mère, pour entendre, délibérer, résouldre et conclure,
» de ce, en tous points concernant ledit traité anté-nuptial, avec très
» hault et très puissant prince, le duc de Montpensier, cousin germain
» maternel de nostredite bonne sœur, ou celuy et ceulx qui, de sa part,
» s'y entremettront et seront commis; et que ledict traicté conclu et
» arresté, il plaise à nostredite très honorée et très chère belle-mère, à
» la solennisation dudict mariage et le festin des nopces, estre, tenir
» place et servir à nostre très chère et bien aimée sœur, de bonne mère,
» en nostre nom; donnant à ladite dame princesse, nostre très honorée
» et très chère belle-mère, en tant que de besoin, plein pouvoir, mande-
» ment et procure espécialle et irrévocable de faire, négotier, traicter,

» conclure et arrester tous et chacuns les points concernant et eschéans
» audict traité anté-nuptial, et ce qui en dépend, et pourra aucunement
» servir à l'avancement, conclusion, consommation et solennisation de
» ladite alliance et mariage, tout ainsy que nous mesmes y assistans et
» entrevenans en propre personne vouldrions et serions occasionnez de
» faire; promettant d'avoir et tenir pour ferme et agréable tout ce que
» par nostredite très honorée et très chère belle-mère y sera faict, né-
» gotié et arresté, suivant la parfaite cognoissance qu'elle a de l'estat des
» biens, moïens et de la qualité de nostredite très chère et bonne sœur,
» et les mémoires et particulières déclarations que lui en avons faictes.

    » En signe de quoy avons souscript ces présentes de nostre main et
» et y faict mettre le scel de nos armes.

    » Fait au camp devant la ville d'Oldenzeel, le 23ᵉ jour du mois d'oc-
» tobre, l'an 1597.

» MAURICE DE NASSAU. »

XII

   Ph. Mornay de Bauves ne resta que quelques mois dans les Provinces-
Unies. Il existe plusieurs lettres écrites par lui à sa mère et à son père,
pendant le séjour qu'il y fit. On en trouve le texte à la suite des mémoires
de Mᵐᵉ de Mornay (édit. de 1869, t. II, p. 225 à 235).

   Voici ce que ces mémoires rapportent de la part sérieuse qu'il prit à
l'un des combats livrés par les troupes de Maurice de Nassau :

   « Au commencement d'août (1599), nous eusmes lettres de nostre
» fils, du 19 juillet, qui s'estoit trouvé en ung assaut donné à un retran-
» chement des Espaignols, que M. le prince Maurice n'avoit pas advis
» qui feut en tel estat qu'il le trouva. Cet assaut fut rude, et fut tué
» nombre de bons hommes. Nostre fils y donna à la teste, y feut des
» premiers et derniers, y receut deux coups de pique dans ses armes, qui
» par deux fois le rejetèrent du haut dans le fossé ; un gentilhomme que
» nous luy avons donné, nommé La Haye, nepveu des sieurs de Cher-
» ville de Beausse, qui y alla avec luy, y receut une grande mousque-
» tade dans le corps. M. de Lanoue conduisoit la teste et M. le prince

» Maurice faisoit fermer avec sa cavalerie. Dieu qui le nous a préservé,
» le nous ramènera, s'il lui plaist, en santé, pour servir à sa gloire. »

Mme de Mornay ajoute, un peu plus loin dans ses mémoires : « Le
» 29 septembre retourna Brouard, nostre maistre d'hostel, que nous
» avions envoyé avec nostre fils, lequel nous rapporta de ses nouvelles,
» particulièrement comme il s'étoit trouvé au siége de Dorcum avec
» Guillaume, comte de Nassau, qui auroit esté prys, et le pays par ce
» moyen fort eslargy, où il auroit plu à Dieu le nous préserver. »

De son côté, le jeune de Mornay disait à son père, au sujet du siège
de Dorcum (lettre du 8 octobre 1599, *Mém.*, t. II, p. 232) : « J'ai accom-
» pagné M. le comte Guillaume au siége de Dorcum, dont je n'ai point
» de regret... Nous sommes à la veille d'un deslogement pour aller en
» aux garnisons, Son Excellence ayant déjà renvoyé la cavalerie et n'at-
» tendant que la perfection de quelque ouvrage nouvellement commencé
» pour y confiner son infanterie jusqu'au printemps... Ce sont pour ceste
» heure les nouvelles de l'armée, car celles de l'Estat, je les réserve à
» M. de Buzenval qui vous en dira ses jugemens. »

XIII

A quelques mois de là, Henri IV accueillait avec bienveillance deux
jeunes cousins de son filleul Henri-Frédéric de Nassau, à leur arrivée
des Pays-Bas. Laissons l'un d'eux, le comte « Jean le Jeune de Nassau »
parler de sa présentation et de celle de son frère au roi de France, qui se
trouvoit alors, avec son armée, à proximité de Genève. Ces jeunes gens
avaient été envoyés par le comte, leur père, dans cette ville, pour y compléter leurs études, l'un des deux écrivit :

« Messieurs de Genève nous ont présenté toutes sortes de courtoisies,
» comme aussy a faict M. de Bèze, et le recteur, au nom de toute l'es-
» cole... M. de Montpensier, à qui nous appartenons par alliance, nous
» receut fort courtoisement, avec offre de nous présenter au roy pour le
» saluer ; et d'autant qu'il retournoit le mesme jour au camp, et que
» ne pouvions départir quant et luy, à cause qu'il nous eût falu coucher
» dehors, il laissa icy un de ces gentilshommes pour nous y conduire.

» Le lendemain, nous y allasmes avec M. de Bèze, M. de La Torre,
» vice-roi de Navarre et capitaine des gardes, qui est un seigneur fort
» honorable de la religion, de grand crédit et très affectionné envers
» nostre maison, avec lequel nous avions déjà faict cognoissance en ceste
» ville, et nous avoit aussi offert de nous présenter à Sa Majesté ; il avoit
» desjà faict mention de nous vers elle devant que y arrivissions, qui
» fut cause que le roy estant à une fenestre, nous voyant dans la pre-
» mière cour, la teste descouverte, il osta son chapeau et nous salua de
» la fenestre, et tout aussitost envoya le capitaine de ses gardes, qui
» nous mena en une chambre pour nous faire disner ; et bientôt après
» on nous vint quérir pour nous mener au cabinet de Sa Majesté, où il
» y avoit plusieurs princes.

» Estans entrez, il nous receut d'un fort bon œil, et après nous avoir
» embrassé, nous demanda si nous n'étions pas de Nassau-Dillenberg ;
» ce que lui aïans dit, il respondit qu'il cognoissoit fort bien ceste maison
» et lui estoit bien affectionné. Il s'enquit combien de temps nous avions
» demeuré à Genève et si nous ne voulions pas bientost aller en France ;
» que nous serions les très bien venuz en son académie de Paris, où on
» apprend à aller à cheval, tirer des armes, jouer des instruments, danser
» et les langues étrangères, bref, tous autres exercices dignes d'un jeune
» seigneur. Il nous dit aussy qu'allissions à ses nopces, à Lyon ; qu'il
» nous pourvoiroit d'un bon logis, et que nous pourrions toutes fois et
» quantes que nous voudrions, entrer dans son cabinet, et que rien ne
» nous seroit fermé ; et, en nostre présence, recommanda le tout au
» capitaine de ses gardes.

» Il me dit aussy que, si nous fûssions venus plus tost, il m'eust
» retenu avec soy, pour me faire veoir un peu de la guerre, et eust ren-
» voyé mon frère Adolphe à Genève, à cause qu'il estoit trop petit. Il
» nous a aussy demandé par plusieurs fois si monsieur mon père-grand
» se portoit encores bien. Sadicte Majesté nous ayant derechef em-
» brassé, avec démonstrations de grande faveur, nous prismes nostre
» congé d'elle.

» Il receut aussy fort humainement M. de Bèze, l'embrassa, l'appela
» son père et amy, le baisa par deux fois et luy dit qu'il y avoit trente-
» huit ans qu'ils ne s'estoyent entrevus, et qu'il vouldroit qu'il lui eust
» cousté beaucoup, voire une partie de son sang, et que ledit sieur de
» Bèze fust plus jeune de trente ans, qu'il luy feroit veoir à l'advenir
» des choses merveilleuses et qui luy seroient aggréables. Il luy

» envoya certaine somme d'argent, mais nous ne la sçavons pas pour
» certain ; on parle d'environ mille florins d'Allemagne.

» Le roy départit, le 27 de ce mois, du camp, pour aller à Lyon pour
» épouser sa femme, qui n'est qu'à trois journées d'icy. »

(30 novembre 1600, lettre du comte Jean le Jeune de Nassau au
comte son père. Groen van Prinsterer, 2ᵉ série, t. II, p. 47.)

XIV

Lettre du comte Guillaume-Louis de Nassau au comte Louis Gunther.
Juillet 1600.
(Groen van Prinsterer, *Correspondance*, 2ᵉ série, t. II, p. 43.)

« Mon bon frère..., je loue Dieu particulièrement de la singulière
» grâce qu'il a faict à vous, en ce qu'il luy a pleu de se servir aussi de
» vostre personne, d'instrument à une si renommée et signalée victoire
» (celle de Nieuport), delaquelle comme avez emporté de louange non
» médiocre et acquis de réputation grande, ce sera asteur vostre devoir
» de vous humilier devant Dieu et recognoistre que c'est celui qui vous
» honore tant, affin que prennés soubject, en récompense de ses grâces,
» de l'honnorer en crainte et parfaictement en piété et vraye obéissance,
» et cela, d'autant plus que, au lieu que aultres sont admonestés de
» leur devoir par malheurs et misères, le bon Dieu vous convie à son
» amour par tels biens et honneurs que, pour vostre qualité et rang,
» n'en sussiés souhaiter plus grandes ; et ne tiendra qu'à vous de rendre
» Dieu entièrement propitiatoire pour vous continuer ses grâces, à quoy
» la bonne inclination, laquelle j'ay remarqué en vous, me donne telle
» espérance que j'espère estre superflu d'exhorter celui qui est con-
» vaincu par tels bénéfices divins, et que celuy qui est si honeste envers
» chacun aura craint estre ingrat, et cela, au préjudice de son salut et
» avancement propre envers son Dieu qui l'ayme tant. »

XV

Nous avons évoqué ailleurs (*François de Chastillon*, 1 vol. in-8°, 1886, p. 319, 320), et nous devons rappeler ici, le souvenir de l'admirable conduite d'un ministre français, Bernardin, lors de l'héroïque retraite de François de Chastillon, en 1587, sous le coup de circonstances analogues à celles dans lesquelles Wtenbogaert se trouva placé, à Ostende, avant et après la bataille de Nieuport. Bernardin, Chastillon et sa troupe entonnèrent, à l'heure de la délivrance, le psaume CXXIV, sur lequel s'appuya très probablement aussi Wtenbogaert, car ce texte sacré ne s'appliquait pas moins directement aux dangers et à l'issue de la lutte soutenue, à Nieuport, par Maurice de Nassau, qu'aux péripéties de la retraite de François de Chastillon, et qu'à la merveilleuse délivrance accordée par la bonté de Dieu à ce glorieux chef.

Reproduisons ici les émouvantes paroles du psaume CXXIV :

« 1° N'eût été l'Eternel qui a été pour nous, dise maintenant Israël;
» — 2° N'eût été l'Eternel qui a été pour nous, quand les hommes se
» sont élevés contre nous; — 3° Ils nous eussent dès lors engloutis tout
» vifs, pendant que leur colère était enflammée contre nous; — 4° Dès
» lors les eaux se fussent débordées sur nous, un torrent eût passé sur
» notre âme; — 5° Dès lors les eaux enflées fussent passées sur notre
» âme; — 6° Béni soit l'Eternel qui ne nous a point livrés en proie à
» leurs dents; — 7° Notre âme est échappée comme l'oiseau du lacs
» des oiseleurs; le lacs a été rompu, et nous sommes échappés. —
» 8° Notre aide soit au nom de l'Éternel qui a fait les cieux et la terre. »

XVI

Etats généraux des Provinces-Unies en l'année 1600.
Extrait de la *Grande Chronique ancienne et moderne de Hollande, Zélande*, etc.,
par J.-F. Lepetit. Dordrecht, 1601, in-f°, t. II, p. 768, 769.)

« Pour donner à entendre au lecteur étranger, qui peut-estre n'aura
» jamais veu, ou que bien peu ouy à parler des Provinces-Unies, nous

» dirons que lesdites provinces consistent en la duché de Gueldre, des
» comtez de Hollande et Zéelande, West-Frize, Zutphen, Utrecht, Frize,
» Overyssel et de Groningue, ensemble des villes qui leur sont associées
» et frontières en Brabant, de Bréda, Bergues-sur-le-Soom, Steinberge,
» Willenster et Lilloo ; en Flandre, d'Ostende, Axell, Terneuse et
» Lyeskeshoeck, toutes sous l'union des estats généraux.

« Les affaires d'Estat desquelles Provinces-Unies, et le souverain
» regard au fait de la guerre, par mer et par terre, et de ce qui en dé-
» pend, comme pour l'observance et maintenement des alliances et confé-
» dérations qu'elles ont avec les rois, princes et potentats, à l'augmen-
» tation et entretenement de leurs assistances, amitié et bonnes correspon-
» dances pour le consentement et levée des moyens qui se doivent trou-
» ver, tant pour les affaires d'Estat, que pour la guerre, ensemble pour
» toutes choses occurentes, concernant le bien des provinces, la deffense
» d'icelles, et préventions de tous mauvais inconvéniens, et généralement
» pour toutes choses qui doivent toucher en aucune manière à leur estat
» et gouvernement, sont dirigées et conduites par *les seigneurs estats*
» *généraux d'icelles* : desquels l'assemblée est dressée des principaux
» collèges de la noblesse, des magistrats et superintendants des villes, en
» chacun quartier et province respectivement ; les estats particuliers des-
» quelles provinces choisissent et y commettent annuellement autant de
» personnes que bon leur semble : auxquels ils donnent plein pouvoir
» et autorité d'aviser et résoudre, avec les députez de toutes les autres
» provinces, sur chacuns points qui y sont spécialement mis en délibéra-
» tion, et sur toutes autres choses qui s'y pourroient représenter, comme
» pour le bien et service de l'Estat se trouvera convenir.

« En laquelle assemblée desdits seigneurs estats généraux, les
» affaires se proposent, advisent et résoudent de la part de chacune pro-
» vince respectivement, et avec teste pour teste, selon qu'ordinairement
» on use en d'autres colléges...

» En ladite assemblée desdits seigneurs estats généraux comparaissent
» en estant semons, les gouverneurs de chacune province respective-
» ment, et le conseil d'Estat, pour y aider à adviser et résoudre de toutes
» matières qui y sont proposées et requises. »

XVII

§ 1.

Extrait d'une commission relative à une compagnie d'ordonnance.
8 octobre 1601.
(Du Bouchet, *Histoire de la maison de Coligny*, p. 700.)

« Henry, par la grâce de Dieu, roy de France et de Navarre, à tous
» ceux qui ces présentes lettres verront, salut. Comme l'estat et charge
» de capitaine d'une compagnie de trente lances fournies de nos ordon-
» nances, au titre de cinquante, à laquelle commandoit défunt nostre
» cousin Henri de Coligny, sieur de Chastillon, soit à présent vacante
» par sa mort, au moyen de quoy, soit besoin de pourvoir en son lieu
» et place de quelque bon et expérimenté capitaine, de l'affection et fidé-
» lité duquel nous ayons entière asseurance, sçavoir faisons que nous,
» *mettant en considération les grands et recommandables services que*
» *nous avons receus tant dudit feu Henry de Coligny, que du feu sieur*
» *de Chastillon, son père*, et que nous espérons, à son imitation, rece-
» voir de nostre cher cousin, Gaspard de Coligny, son fils, à présent
» sieur de Chastillon, et frère dudit deffunt Henry de Coligny, à iceluy
» nostredict cousin Gaspard de Coligny, sieur de Chastillon, pour ces
» causes, et autres à ce nous mouvans, avons donné et octroyé, don-
» nons et octroyons, par ces présentes signées de nostre main, la charge,
» conduite et capitainerie de ladite compagnie de trente lances fournies
» de nos ordonnances, au titre de cinquante, que souloit avoir ledit feu
» Henri de Coligny, son frère, etc., etc. »

§ 2.

Extrait de provisions relatives au gouvernement de Montpellier.
8 octobre 1601.
(Du Bouchet, *ibid.*, p. 702.)

« Henry, par la grâce de Dieu, roy de France et de Navarre, à nostre cher
» et bien amé cousin, Gaspard de Coligny, seigneur de Chastillon, salut.
» Estant advenu le décès de feu nostre cousin Henry de Coligny, vostre

» frère, qui commandoit pour nostre service, en nostre ville de Mont-
» pellier, il est besoin et nécessaire de donner ceste charge à quelque
» personnage duquel la fidélité et affection à nostre service nous soit
» cogneue; et sçachant que vous serez pour suivre *les vertus et louables*
» *qualitez, tant du feu sieur de Chastillon, nostre cousin, vostre père,*
» *que dudit feu Henry de Coligny vostre frère;* à ces causes, nous vous
» avons commis, ordonné et député, et par ces présentes signées de nostre
» main, commettons, ordonnons et députons pour commander en ladite
» ville, et aux gens de guerre y establis en garnison, avoir l'œil ouvert
» à la conservation d'icelle ville en nostre obéissance, tout ainsy que
» souloient faire vosdits feus père et frère, etc., etc. »

§ 3.

Extrait de provisions relatives à la charge d'amiral de Guyenne.
8 octobre 1601.
(Du Bouchet, *Histoire de la maison de Coligny*, p. 703.)

« Henry, par la grâce de Dieu, roy de France et de Navarre, etc., etc.
» Comme l'estat et charge d'admiral en nostre province de Guyenne,
» que souloit avoir feu nostre cousin Henry de Coligny, sieur de Chas-
» tillon, soit à présent vacant par sa mort... sçavoir faisons que nous,
» mettant en considération *les grands et recommandables services que*
» *nous avons receus, tant de nostredit cousin, feu Henri de Coligny, que*
» *de feu nostre cousin le sieur de Chastillon, son père,* et ceux que nous
» espérons, à son imitation, recevoir de nostre cousin Gaspard de Coli-
» gny, frère dudit défunt Henry de Coligny, à iceluy nostre cousin
» Gaspard de Coligny, avons donné et octroyé, donnons et octroyons...
» ledit estat et charge d'admiral en nostredite province de Guyenne,
» que souloit avoir ledit feu Henry de Coligny, etc., etc. »

FIN

TABLE DES CHAPITRES

CHAPITRE V

CHAPITRE VI

CHAPITRE VII

CHAPITRE VIII

FIN DE LA TABLE DES CHAPITRES

Paris. — Imprimerie Vᵉ P. Larousse et Cⁱᵉ, rue Montparnasse, 19.